MARCO ⊕ POLO

Malta

Reisen mit **Insider Tipps**

Diesen Führer schrieb Klaus Bötig, der
durch zahlreiche Veröffentlichungen
als ein profunder Kenner Maltas und der
Mittelmeerländer bekannt ist.

marcopolo.de

Die aktuellsten Insider-Tipps finden Sie unter
www.marcopolo.de, siehe auch Seite 103

MAIRS GEOGRAPHISCHER VERLAG

SYMBOLE

MARCO POLO INSIDER-TIPPS:
Von unseren Autoren für Sie entdeckt

MARCO POLO HIGHLIGHTS:
Alles, was Sie auf Malta kennen sollten

HIER HABEN SIE EINE SCHÖNE AUSSICHT

WO SIE JUNGE LEUTE TREFFEN

PREISKATEGORIEN

Hotels	
€€€	über 120 Euro
€€	60–120 Euro
€	40–60 Euro

Die oben genannten Preise gelten immer für ein Doppelzimmer inklusive Frühstück pro Nacht in der Hauptsaison.

Restaurants	
€€€	über 19 Euro
€€	14–19 Euro
€	unter 14 Euro

Die Preise gelten für ein Essen mit Fleisch- oder Fischgericht, Beilagen, Salat und einer halben Flasche einheimischen Wein.

KARTEN

[114 A1] Seitenzahlen und Koordinaten für den Reiseatlas Malta

[U A1] Koordinaten für die Maltakarte im hinteren Umschlag

[0] Objekte außerhalb der Maltakarte

Zu Ihrer Orientierung sind auch die Orte mit Koordinaten versehen, die nicht im Reiseatlas eingetragen sind.

GUT ZU WISSEN

Zungenbrecher **14** · Kreuzigungen und Enthauptungen **35**
Der Bäcker bringt's **40** · Englisch auf Malta **49** · Liebesmähler an den Gräbern **65** · Der Apostel Paulus auf Malta **75** · Das Werk einer Riesin **82**

INHALT

Die wichtigsten
MARCO POLO Highlights

Sehenswürdigkeiten, Orte und Erlebnisse, die Sie nicht verpassen sollten

 Hafenrundfahrt
Danach versteht man, warum Piraten um Valletta einen großen Bogen machten (Seite 30)

 Grand Master's Palace in Valletta
Einmal die Pracht der Ordensfürsten im Großmeisterpalast erleben und sehen, wo der Papst gesessen hat (Seite 31)

 St. John's Co-Cathedral in Valletta
Ein Prachtbau des Johanniterordens vom Boden bis zur Decke mit Kunstschätzen von Weltrang (Seite 34)

 National Museum of Archeology in Valletta
Begegnung mit einer liegenden Venus und weiteren Kunstwerken aus 5000 Jahren maltesischer Geschichte (Seite 38)

 Hypogäum in Paola
Ein geheimnisvoller Ort im Schoß der Erde, Voranmeldung erbeten (Seite 46)

 Hagar Qim und Mnajdra
Erdverbundene Steinzeittempel in himmlischer Lage (Seite 55 und 56)

 Hafen von Marsaxlokk
Farbige Fischerboote, mediterrane Hafenromantik und täglich ein bunter Markt (Seite 56)

Blick auf Mdina

Auge eines Luzzi-Bootes

 Mdina
Pferdegetrappel statt Auto-
hupen und ein prächtiger
Ausblick von alten Mauern
aus (Seite 61)

 Katakomben in Rabat
Wo frühe Christen fröhlich
zwischen Gräbern speisten
(Seite 63 und 65)

 Clapham Junction
Wer hat nur vor 4000 Jahren
Eisenbahngleise gebaut?
(Seite 68)

 **Restaurant Gillieru
in St. Paul**
Wo die Einheimische Elite
speist, muss der Fisch stets
superfrisch sein (Seite 72)

 Ghajn Tuffieha Bay
Maltas schönster Sandstrand
und weit und breit kein Hotel
in Sicht (Seite 74)

 Dwejra Lake
Ein Gesteinsbogen im Meer,
ein Heilpilzfelsen und eine
Bootsfahrt für Wagemutige
(Seite 80)

Ghajn Tuffieha Bay

 Tempel von Ggantija
Das Werk einer Riesin, mit viel
Schönheitssinn in einer einzi-
gen Nacht erbaut (Seite 81)

 Zitadelle von Victoria
Ein mittelalterliches Festungs-
städtchen, in dem man auch
urig speisen kann (Seite 84)

 Die Highlights sind in der Karte auf dem hinteren Umschlag eingetragen

Entdecken Sie Malta!

Malta ist ein Inselzwerg mit Riesenmöglichkeiten für einen Urlaub ganz nach Geschmack

Malta gleicht einem üppigen Büffet. Jeder Gast kann sich sein eigenes Urlaubsmenü zusammenstellen. Der Tisch ist reich gedeckt. Eine besondere Spezialität: Zeitreisen. In steinzeitlichen Tempeln wandeln Sie zwischen Mauern aus bis zu 50 Tonnen schweren Steinblöcken durch die über 5000 Jahre alte Glaubenswelt der ersten Malteser. Im Hypogäum steigen Sie

Dingli Cliffs

in den Bauch der Mutter Erde hinab. 3500 Jahre alte Gleissysteme geben Ihnen Rätsel auf, Katakomben erinnern an die Zeit des frühen Christentums. Über das Kopfsteinpflaster der stillen Stadt Mdina rollen Pferdekutschen wie im Mittelalter, beim Cappuccino in Valletta fühlen Sie sich wie in die Zeit der Renaissance oder des Barock zurückversetzt. Und wenn Sie mögen, können Sie an vielen Orten nachvollziehen, was die Malteser im Zweiten Weltkrieg zu erdulden hatten, als Deutsche und Italiener sie fast pausenlos bombardierten.

Neben den Zeitreisen offeriert Malta auch viele andere Erlebnismöglichkeiten. Die Küsten bieten Klippen mit bizarren Felsformatio-

In goldenes Licht getaucht: Altstadt von Valletta

nen und hervorragenden Tauchgründen, aber auch schöne Sandstränden mit Windsurf- und Wassersportstationen und glatte Felsschollen fürs Sonnenbad. Selbst Angebote zum Aktivurlaub gibt es in Hülle und Fülle: vom Englisch-Sprachkurs bis hin zu nervenkitzelnden Stunden in Steilwänden hoch über dem Meer. Steigen Sie mit Helikoptern in die Lüfte oder begeben Sie sich auf Unterwasser-Safaris in die Tiefe.

Zwischendurch locken immer wieder unzählige Restaurants mit Gaumenfreuden aus aller Herren Länder. Vor allem mit Fisch und Meeresfrüchten sind Maltas Tafeln immer reich gedeckt. Es warten nostalgische Pubs wie in Merry Old England und lauschige Terrassen direkt am Meer, wo das Meeresrau-

Geschichtstabelle

5200 v. Chr. Erste Besiedlung der Insel

4000–2500 v. Chr. Epoche der Tempelbauer, die noch keine Metallwerkzeuge kannten

2000–1000 v. Chr. Epoche der bronzezeitlichen Schienenbauer, die bereits Kupfer und Bronze verwendeten

1000–218 v. Chr. Phönizische Herrschaft, ab etwa 800 v.Chr. von der Stadt Karthago ausgeübt

218 v.–397 n. Chr. Römische Herrschaft. Nach dem Aufenthalt des Apostels Paulus auf Malta im Jahre 60 n.Chr. entsteht eine erste christliche Gemeinde

397–870 Byzantinische Herrschaft

870–1070 Arabische Herrschaft

1070–1530 Zunächst erobern die Normannen von Sizilien aus Malta. 1194 gehen die Inseln an die Staufenkaiser über, 1282 an das spanische Königreich von Aragón

1530–1798 Herrschaft der Ritter. Kaiser Karl V., erster Habsburger auf dem spanischen Königsthron, überlässt den durch die Türken von Rhodos vertriebenen Johanniterrittern die Maltesischen Inseln

1565 Die Johanniter wehren eine fast viermonatige türkische Belagerung ab. Sie bauen Malta zu einer gewaltigen Festung aus, von der aus sie den Handelsverkehr zwischen den weit verstreuten Ländern des Osmanischen Reichs empfindlich stören

1798 Die Ritter kapitulieren vor den Truppen Napoleons

1800–1964 Britische Herrschaft. Wegen der Kirchenfeindlichkeit Napoleons rufen die Malteser die Briten zu Hilfe, die die Inseln besetzen und 1814 zu ihrer Kronkolonie machen. Malta wird für das Vereinigte Königreich neben Gibraltar der bedeutendste Flottenstützpunkt im Mittelmeer

1919 Erster Widerstand gegen die Britische Herrschaft regt sich

1940–1942 Im Zweiten Weltkrieg wird die Insel Malta von deutschen und italienischen Flugzeugen zwei Jahre lang fast täglich bombardiert

1964 Am 21.September wird Malta unabhängig, bleibt aber Mitglied im Commonwealth und erkennt die englische Königin als Staatsoberhaupt an

1974 Malta erklärt sich zur Republik

1979 Die britischen Truppen verlassen die Insel

1987 Die konservative Nationalpartei gewinnt erstmals die Wahlen

1998 Nach kurzer sozialistischer Regierung Wiederwahl der Nationalisten. Ministerpräsident ist seitdem Dr. Eddie Fenech Adami, Führer der oppositionellen Labour Party Dr. Alfred Sant. Die Nationalisten nehmen 35, die Sozialisten 30 Sitze im Parlament ein. Die nächsten Wahlen finden 2003 statt

schen die Musik zum farbenfrohen Cocktail spielt. Und in den Diskotheken von Paceville mixen neben Einheimischen Gast-DJ's aus England und Italien den Sound. Hier wird vor allem an Wochenenden die Nacht zum jungen Tag. Und überall macht man Urlaub unter Maltesern, denn reine Touristen-Ghettos gibt es auf den Inseln des maltesischen Archipels nicht.

Parkbankgespräche

Inseln voller Überraschungen

Malta ist handlich. Nur 43 km liegen zwischen Cirkewwa im Norden und Marsaxlokk ganz im Süden. Über 500 altertümlich anmutende Linienbusse durchkreuzen täglich die Insel, machen das Herumkommen einfach und preiswert. Mietwagen sind schon für wenig Geld zu haben, an den Linksverkehr hat man sich schnell gewöhnt.

Die ersten Überraschungen erleben manche Urlauber meist schon bei der Ankunft auf dem hochmodernen Luqa Airport: Malta ist ein selbständiger Staat mit eigener Regierung, eigener Währung und eigener Sprache. Die Malteser schreiben zwar mit lateinischen Buchstaben, trotzdem erscheinen die Wörter schier unaussprechlich, denn die Wurzeln des Maltesischen liegen im Arabischen. Aber keine Angst, die Sprachbarrieren sind nicht so groß, wie sie anfänglich erscheinen, denn fast alle Malteser sprechen Englisch.

Die nächste Überraschung bereitet die Fahrt ins Hotel. Malta ist kein kleines, verträumtes Eiland voller Fischerromantik, sondern eine Großstadt mit all ihren Problemen. Die einzigen Wälder, die man

Malta hat so seine Eigenarten

in weiten Inselteilen sieht, sind Antennenwälder auf den Hausdächern. Kein Wunder: Über 380 000 Menschen drängen sich hier auf nur 315 km². Das sind fast 1200 Einwohner pro Quadratkilometer, ähnlich viele wie im Ruhrgebiet. Obendrein leben die Malteser gerne in großzügigen Einfamilienhäusern, die sich immer weiter in die Natur hineinfressen.

Doch trotz dieser Verstädterung und einem arg mangelnden Umweltbewusstsein sind Maltas Orte nicht ohne Reiz. Dafür sorgen nicht nur die immer wieder eingestreuten historischen Baudenkmäler, sondern vor allem die maltesische Bauweise selbst. Beton wird kaum verwendet; bis auf den heutigen Tag sind einheimische Kalksteinblöcke das vorherrschende Baumaterial. Ihre goldgelbe bis mittelbraune Farbe verleiht jedem Stadtbild eine beeindruckende Harmonie, die in den alten Ortskernen durch vorspringende, verschiedenfarbige Holzerker interessante Tupfer aufgesetzt bekommt. Ihren ganz besonderen Reiz erhalten viele maltesische Dörfer durch eine Marotte: Die Malteser wetteifern seit 200 Jahren untereinander darum, wessen Dorfkirche die mächtigste Kuppel besitzt. Überall ragen die Gotteshäuser unübersehbar aus dem Häusermeer auf, gleichen innen häufig Kathedralen.

Einige ländlich-grüne Oasen sind auf Malta auch zu finden. Die gesamte Südwestküste mit ihren Steilufern zwischen Zurrieq und Mgarr gehört dazu. Ebenso der Norden, in dem man eifrig Landwirtschaft betreibt. Da werden Tomaten, Zwiebeln, Kürbisse, etwas Getreide und sogar Kartoffeln für den Export nach Holland angebaut. Wein wächst in der Gegend um Mdina und Rabat, Orangen gedeihen in den Buskett Gardens. Nur den typischen Baum des Mittelmeerraums, den Olivenbaum, sieht man kaum.

Bisher war nur von Malta die Rede. Doch zur Inselrepublik Malta gehören zwei weitere bewohnte Inseln: Comino und Gozo. Während Comino nur als Standort zweier Hotels von Bedeutung ist, produziert Gozo einen Großteil der Lebensmittel für den ganzen Staat: Milch und Käse, Getreide und Wein.

Und als Urlaubsinsel ist Gozo für alle Ruhesuchenden eine gute Alternative zu Malta. Die Insel ist weitaus dünner besiedelt, grüne, niedrige Tafelberge bestimmen das Bild der Landschaft. Es gibt zwar nur einen größeren Sandstrand, die Ramla Bay, dafür aber romantische Fjorde zum Baden und verschlafene Dörfer, in denen noch ein anderer Rhythmus den Gang des Lebens bestimmt als auf dem sehr geschäftigen Malta. Hier findet man mit Sicherheit die Romantik, die man sich wahrscheinlich von einer mediterranen Insel verspricht.

Wetteifern um die mächtigste Dorfkuppel

Auf dem Weg in die EU

Nach Romantik stand den Maltesern nicht der Sinn, als sie 1964 von den Briten in die Unabhängig-

Der Strand von Marsalforn ist bei den Einheimischen sehr beliebt

keit entlassen wurden. Es galt, einen lebensfähigen Ministaat zu schaffen. Dass es gelang, ist vor allem einem Mann zu verdanken, Dom Mintoff. Er war die dominierende Persönlichkeit des jungen Staates. Nachdem der Sozialist 1971 zum Premierminister gewählt worden war, versuchte er sein Land aus der einseitigen Abhängigkeit von Großbritannien und dem Westen herauszuführen. Seine politischen Flirts mit dem libyschen Revolutionsführer Ghaddafi sorgten für viele Schlagzeilen, führten das Land in die Blockfreiheit und schufen vielfältige wirtschaftliche Verbindungen.

Mit Hilfe der Chinesen und der Sowjetunion wurde die Werftindustrie ausgebaut. Erfahrene Schiffbauer standen zahlreich zur Verfügung, denn während der britischen Kolonialzeit war Malta einer der größten Marinestützpunkte der Briten gewesen. Zusammen mit Libyen wurde eine bescheidene Erdölindustrie aufgebaut, mit libyschem Kapital wurden viele Gemeinschaftsunternehmen gegründet. Malta erhielt eine eigene Handelsflotte und eine eigene, bis heute nur schwarze Zahlen schreibende Fluglinie. Zugleich bemühte man sich um die Ansiedlung europäischer Unternehmen, die in Malta Jeans, Schuhe und Brillengestelle, Spielzeug und elektronische Zulieferteile produzieren. Inzwischen arbeiten über 35 Prozent aller Malteser in der Industrie, aber nur knapp 6 Prozent in der Landwirtschaft. Der Tourismus ist heute der zweitwichtigste Wirtschaftsfaktor. Im Jahr 2000 kamen über 2,2 Milli-

onen Urlauber auf die Inseln, weit über die Hälfte davon aus Großbritannien. Aber 2000 wurden auch schon 205 000 deutsche Besucher gezählt.

Jetzt ist Malta auf dem Weg in die Europäische Union. Die offiziellen Beitrittsverhandlungen begannen im März 2000; im Jahr 2002 werden sie vielleicht abgeschlossen werden. Die Bevölkerung, 1996 noch mehrheitlich gegen einen EU-Beitritt, sieht jetzt immer mehr seinen Nutzen ein. Man legt aber weiterhin Wert darauf, seine Sonderrolle als Mittler zwischen Europa und Nordafrika bewahren zu dürfen.

Diese Mittlerrolle zwischen zwei Kontinenten und Kulturen hatte Malta in der Geschichte zuvor nie spielen dürfen. Seine strategisch bedeutsame Lage im Zentrum des Mittelmeers – nur 95 km von Italien und 290 km von Afrika entfernt – hatte vielmehr immer wieder das Begehren fremder Eroberer geweckt. Phönizier und Römer, Araber und Normannen,

Malta war schon immer begehrt

die Kreuzritter des Johanniterordens und die Briten hinterließen ihre Spuren.

Stolz sind die Malteser vor allem auf die glorreiche Epoche, als Malta Sitz des Johanniterordens war, besonderer auf das Jahr 1565, als die Türken die Insel angriffen und die Malteser zusammen mit den Johannitern die Insel erfolgreich verteidigten. Damit verhinderten sie ein weiteres Vordringen des Islam nach Europa. Nach dem Verständnis der Malteser gäbe es ohne sie heute keine EU – und jetzt mochten sie ihr beitreten.

Wer mehr weiß, versteht auch mehr

Die kleine Inselrepublik ist nicht nur ein Freilichtmuseum, sondern auch ein moderner Staat mit manchen Problemen

Busse

Etwa 250 bunte Linienbusse drängeln sich täglich im maltesischen Verkehrsgewühl. Einer sieht älter aus als der andere. Dennoch versehen sie fleißig ihren Dienst, legen täglich über 4000 Touren zurück, befördern jährlich Millionen Passagiere. Sie sind alle in Privatbesitz, gehören manchmal dem Fahrer selbst. Fahrpreise und -zeiten werden zentral festgelegt; alle Einnahmen fließen erst in eine gemeinsame Kasse. Abgerechnet wird dann nach gefahrenen Kilometern, nicht nach beförderten Passagieren.

Mit dem Bus über die Insel

merle, die man gut an ihrem blauen Gefieder erkennt. Ziegen und Schafe weiden ebenso wie Kühe nur selten im Freien. Meist werden sie in unauffälligen Stallungen gehalten.

Fauna

Die Tierwelt der Inseln ist ausgesprochen artenarm. Es gibt glücklicherweise weder giftige noch gefährliche Tiere – die größten frei lebenden Säugetiere der Inseln sind Kaninchen und Igel. Häufig sieht man nur Eidechsen und Mauergeckos sowie im Frühjahr und Herbst diverse Zugvögel. Nur etwa ein Dutzend Vogelarten lebt ständig auf Malta und Gozo, darunter der Nationalvogel Maltas, die Blau-

Bühende Pracht in den San Antons Gardens von Attard

Flora

Die Pflanzenwelt der Inseln ist ebenfalls artenarm. Macchia bestimmt weitgehend das Bild. In ihr gedeihen Thymian und Rosmarin, der Mastixstrauch und Heidekraut, Wolfsmilch- und Zwiebelgewächse. Im Frühjahr blühen Feldblumen wie der Klatschmohn. Ortsnamen wie Zebbug und Zejtun verraten, dass es früher auf der Insel große Olivenhaine gab. Sie mussten jedoch unter britischer Herrschaft Baumwollplantagen Platz machen, die inzwischen längst aufgegeben wurden. Neue Ölbaume an ihrer statt werden aber nur in kleinem Rahmen angepflanzt. Ein anderer Baum, der gelegentlich vorkommt, ist der Johannisbrotbaum. Erst von den Johannitern eingeführt wurden Aleppokiefern. Später kamen Agaven, Kaktusfeigen, Oleander und Eukalyptusbäume auf die Inseln.

Fußball

Fußball ist auch auf Malta die Publikumssportart Nummer eins – obwohl maltesische Mannschaften in internationalen Wettbewerben meist nur Punktelieferanten sind. Die maltesische Erste Liga umfasst 10 Vereine, darunter einen aus Gozo. Die drei Spitzenteams im Jahr 2000 waren der Birkirkara FC, der Sliema Wanderers FC und der Valletta FC.

Georgskreuz

Im Staatswappen führt die Republik Malta das Georgskreuz. Dieser Orden wurde der Inselbevölkerung am 15. April 1942 vom britischen König Georg VI. als Anerkennung für ihr tapferes Erdulden der deutschen und italienischen Fliegerangriffe verliehen. Bei diesen Bombenangriffen verloren über 1250 Briten und Malteser ihr Leben, große

Teile Vallettas und der anderen Städte rund um den Grand Harbour fielen in Schutt und Asche (und wurden möglichst originalgetreu wieder aufgebaut). Vom Frühjahr bis zum August 1942 war Malta zusätzlich von der Seeseite völlig isoliert, sodass die Bevölkerung auch noch unter Hunger zu leiden hatte.

Große Belagerung

Als *Grand Siège* wird in Malta die dreimonatige Belagerung der Johanniterfestungen und -städte durch die Türken im Jahre 1565 bezeichnet. Doch Malta hielt ihr stand.

Inquisition

Die Inquisition, ursprünglich im 12. Jh. zur Auffindung und Bestrafung von Ketzern eingesetzt, wurde im Laufe des Mittelalters oft missbraucht. In Spanien diente sie dem Königshaus zur Beugung des Adels; in Deutschland führte sie seit 1484 zahlreiche Hexenprozesse, die für die Opfer meist den Feuertod bedeuteten. Aus Malta sind Fälle inquisitorischer Grausamkeit nicht im Detail bekannt. Hier hatten die Inquisitoren vor allem die Aufgabe, die Interessen des Papstes beim

Großmeister des Ritterordens zu vertreten; außerdem oblag ihnen die Vergabe der kirchlichen Druckerlaubnis. Sie residierten in zwei Palästen, dem nahe den Dingli Cliffs und einem in Vittoriosa.

Lorenzo Gafà

Maltas bedeutendster Baumeister des 17. Jhs. ist Lorenzo Gafà (1630 bis 1704). Er hatte in Rom Architektur studiert und schuf später viele herausragende Barockbauten der Insel. Zu seinen Werken zählen die Kathedrale von Mdina und die Katharinenkirche von Zejtun, die viele zu den schönsten Barockkirchen des Landes zählen.

Megalithkultur

Besonders eindrucksvoll sind durch ihre weltweite Einzigartigkeit die steinernen Tempel aus der Jungsteinzeit. Ihre Erbauer gehörten einem rätselhaften Volk an, das vor etwa 6000 Jahren nach Malta übersetzte und sich dort mit der Urbevölkerung vermischte. Im Laufe von etwa 1500 Jahren trugen sie an rund 40 Stellen gewaltige Steinblöcke zusammen. Das einzige uns bekannte Hilfsmittel, das sie dabei benutzten, waren steinerne Kugeln, auf denen sie die Kolosse rollten.

Der Begriff *Megalith* leitet sich von den griechischen Wörtern *megas* (groß) und *lithos* (Stein) ab. Es gab einzelne große Steine *(Monolithen)*, Konstruktionen aus zwei senkrecht stehenden Steinen, über die ein dritter Stein waagrecht gelegt wurde *(Trilithen)* und einzelne, senkrecht stehende Steine *(Orthostaten)*. Kennt man diese Wörter, hat man das nötige Rüstzeug zum Verständnis von Tempelbeschreibungen.

Ritter

Der »Ritterliche Orden des Heiligen Johannes vom Spital in Jerusalem«, kurz Johanniter- und später Malteserorden genannt, wurde 1099 sogleich nach der Eroberung Jeru-

Mnajdra-Tempel: Ein Tempelkomplex aus verschiedenen Jahrhunderten

salems von den Teilnehmern am Ersten Kreuzzug gegründet. Ordensritter konnten nur Adlige werden, die zunächst eine zweijährige Probezeit als Novizen absolvierten, je zur Hälfte in der Krankenpflege und als Kämpfer auf einer Galeere.

Eine klare Gliederung bestimmte den Orden, der in mehrere Landsmannschaften, die so genannten »Zungen« unterteilt war. So hatte der anführende »Pilier« der deutschen Zunge die Oberaufsicht über alle Festungsbauten, der Pilier der französischen Zunge leitete den Krankenpflegedienst, der Pilier der italienischen Zunge war der Admiral der Ordensflotte. Oberstes Leitungsgremium des Ordens bildete der »Rat der Sechzehn«, der aus den Piliers der Zungen, dem Prior der Ordenskirche und den obersten Verwaltungsbeamten der Zungen bestand. Der oberste Herr des Ordens, der Großmeister, wurde jeweils auf Lebenszeit von einem Wahlmännergremium gewählt. Ihm schuldeten alle Ritter unbedingten Gehorsam und – wie ein Landesfürst – vertrat er den Orden auch nach außen.

Um eine derartige Organisation zu finanzieren, scheute man nicht davor zurück, auch auf Kaperfahrt zu gehen, wenn gerade die Einkünfte, die aus den Schenkungen europäischer Fürstenhäuser und vor allem aus der Nutzung der großen Besitztümer überall in Europa erzielt wurden, nicht ausreichten.

Steinbrüche

Fast ganz Malta besteht aus Kalkstein, zwischen dem Schichten aus Ton und Mergel eingelagert sind. Der Kalkstein kann nach zwei Arten unterschieden werden: Korallenkalk und Globigerinenkalk. Globigerinen sind uralte, aber auch heute noch in allen Weltmeeren vorkommende, bis zu 5 cm große Meereslebewesen mit einer kalkhaltigen Hülle, die nach dem Tod der Tiere auf den Meeresboden absinkt. Im Laufe der Jahrhunderttausende haben sie den Kalkstein gebildet, der heute auf Malta das wichtigste Baumaterial darstellt. Es ist leicht abzubauen und wird erst unterm Sonnenlicht hart. Nur Fassaden in Seenähe sind auf Malta häufig aus dem sehr viel schwerer zu verarbeitenden Korallenkalk hergestellt. Beide Steinarten werden im Tagebau gewonnen. So sieht man vor allem in Zentralmalta zahlreiche, viele Dutzend Meter tiefe Gruben, auf deren Grund der Stein gelöst und zerschnitten wird.

Trinkwasser

Angesichts der kahlen Landschaft und der Verstädterung stellt sich die Frage, womit das kleine Malta seinen großen Trinkwasserbedarf deckt. Es holt es sich zur Hälfte aus dem Meer. In vier modernen Anlagen, »Reverse Osmosis Plants« genannt, wird gereinigtes Meerwasser unter hohem Druck durch haarfeine Kunststoffmembranen gepresst, die für Salzkristalle nicht passierbar sind. Den übrigen Wasserbedarf deckt Malta mit Brunnenbohrungen ins Grundwasser hinein.

Umweltschutz

Umweltschutz wurde auf Malta bisher klein geschrieben. Der Müll wird noch immer unter offenem Himmel verbrannt, Sondermülldeponien sind auf der Insel unbekannt. An die Kläranlage im Süden von Malta ist nur ein Teil der Ge-

Die MARCO POLO Bitte

Marco Polo war der erste Weltreisende. Er reiste in friedlicher Absicht, verband Ost und West. Er wollte die Welt entdecken, fremde Kulturen kennen lernen, nicht zerstören. Könnte er heute für uns Reisende nicht Vorbild sein? Aufgeschlossen und friedlich sollte unsere Haltung auf Reisen sein. Dazu gehören auch Respekt vor Mensch und Tier und die Bewahrung der Umwelt.

WWF

meinden und Industriebetriebe angeschlossen. Bleifreies Benzin ist noch nicht zur Regel geworden, und Autos mit geregeltem Katalysator werden kaum gefahren. Auch eine Überwachung der Abgaswerte findet nicht statt. Und für die Stromerzeugung nimmt man statt der Sonnenenergie, die von vielen privaten Haushalten in anderen Mittelmeerländern genutzt wird, vorwiegend Erdöl.

Verwirrende Kirchturmuhren

Maltas Kirchturmuhren sind nicht zuverlässig. Manchmal sind sie nur aufgemalt, häufig gehen sie völlig falsch. Hat eine Kirche zwei Türme und damit auch zwei Kirchturmuhren, gibt meist nur eine die richtige Zeit an. Mit all den gar nicht oder falsch gehenden Uhren wollen die Malteser den Teufel verwirren, damit er nicht rechtzeitig zur heiligen Messe erscheinen und die Gläubigen ablenken kann.

Vogelmord

Vogelfang und Vogelmord sind auf den Maltesischen Inseln ein Volkssport. Nahezu jeder zwölfte Malteser hängt ihm an. Überall in der Landschaft sieht man daher aufgetürmte Steintischchen, auf denen im Frühjahr und Herbst Lockvögel in ihren Käfigen stehen. Zwischen den Käfigen ist ein hauchdünnes, für die Tiere nicht sichtbares Schlagnetz gespannt. Daran zieht der in einem nahen Unterstand lauernde Jäger, sobald Finkenvögel sich ihm nähern. So werden jährlich Hunderttausende von Tieren gefangen und lebend verkauft. Viele belassen es aber nicht beim Fang von Vögeln, sondern schießen sie auch. Je seltener ein Vogel ist, desto lieber hat man ihn. Nach Schätzungen der rund 3000 maltesischen Vogelschützer werden so jährlich auf Malta über 3000 Reiher, 1500 Falken, über 500 Eulen, über 50 000 Feldlerchen, über 100 000 Turteltauben und sogar über 200 000 Singdrosseln getötet. Hinzu kommen Fischadler, Pelikane und andere seltene Vögel. Die raren Exemplare werden ausgestopft und als Trophäen in Wohnzimmern, Lokalen und Garagen ausgestellt; die »Massenware« wird fortgeworfen. Zwar gibt es auf Malta Schonzeiten und Jagdverbote für bestimmte Vogelarten. Doch diese Vorschriften werden kaum überwacht. Die Vogeljäger zu verärgern würde Wählerstimmen kosten – und das kann sich bei den knappen politischen Mehrheitsverhältnissen auf der Insel keine Partei leisten.

Maltas Restaurants im internationalen Trend

Nur wenig regionale Küche, aber immer mehr Exotisches

Maltas Küche ist stark von der geografischen Nähe Italiens, der britischen Kolonialzeit und dem britischen Massentourismus geprägt. Die englische Küche hat hier fast ausnahmslos üble Spuren hinterlassen. Der Einfluss der italienischen Küche verspricht höhere Gaumenfreuden. Außer der allgegenwärtigen Pizza sind auch vielerlei Nudelgerichte auf nahezu allen Speisekarten zu finden. Daneben haben sich ausgezeichnete Restaurants etabliert, die feine italienische Küche mit raffinierten Fleisch-, Fisch- und Gemüsegerichten anbieten.

Da der Anteil der meist zu Niedrigpreisen reisenden britischen Touristen immer mehr abnimmt und dafür anspruchsvollere deutsche, französische und italienische Urlauber kommen, geht es mit der Restaurantkultur Maltas inzwischen aufwärts. Es gibt schon ausgesprochene Feinschmeckerlokale mit entsprechendem Preisniveau

Typisch maltesische Küche ist auf Malta nur selten noch zu finden

und immer mehr exotische Restaurants. Wer will, kann auf Malta binnen eines Urlaubs eine kulinarische Weltreise unternehmen. Die Küchenziele reichen von Griechenland bis nach Malaysia und Indonesien, Indien, China und Japan. Auch eine Reihe arabischer Restaurants ist zu finden. Auf der Strecke bleibt bei alledem die rustikale maltesische Küche. Es gibt auf ganz Malta nur wenige maltesische Spezialitätenlokale. Allerdings servieren immer mehr Restaurants zumindest einige einheimische Gerichte.

Fisch ist immer da

Fisch ist auf Maltas Speisekarten immer präsent. Zwei Drittel aller auf den Inseln verkauften Fische sind jedoch importiert und demnach tiefgefroren. Wer wirklich frischen Fisch essen will, geht am besten in ein gutes Lokal, in dem die Fische im Ganzen präsentiert werden. Der Preis richtet sich dann nach dem Gewicht.

Ein preiswertes und volkstümliches Fischgericht ist *Octopus Stew*, in Rotwein gekochter Krake. Der

Maltesische Spezialitäten

Lassen Sie sich diese Köstlichkeiten gut schmecken!

Comidas (Speisen)

Aljotta – Fischsuppe mit viel Knoblauch, Kräutern und etwas Reis

Biskuttini tal-lewz – Mandelschnittchen als Zwischenmahlzeit

Bragioli – Rindsroulade, gefüllt mit Ei, Hackfleisch und Erbsen

Brugiel mimli – mit Reis, Hackfleisch und Kräutern gefüllte Auberginen

Bzar ahdar mimli – mit Reis, Hackfleisch, Oliven und Kapern gefüllte Paprikaschoten

Fenek – Kaninchen, meist in einer Knoblauch- und Rotweinsoße serviert. Das maltesische Nationalgericht schlechthin

Gbejniet friski – Frischkäse aus Schafs- und Ziegenmilch, zumeist aus einer Molkerei auf Gozo

Gbejniet moxxi – die luftgetrocknete Variante des gozitanischen Frischkäses

Hobz bis-zejt – eine dicke Scheibe knusprigen Brotes, mit Olivenöl, Tomatenmark, Kapern, Oliven und Knoblauch

Imqarets – mit Datteln gefüllte Teigröllchen, gut zum Kaffee

Kannoli – röhrenförmiges Gebäck, gefüllt mit Frischkäse, Schokolade, kandierten Kirschen und gerösteten Mandeln

Kappunata – Eintopf aus Auberginen, Kapern, grünem Pfeffer, Knoblauch, Paprika, Tomaten, Zwiebeln und Zucchini. Wird gern zu frischem Fisch gegessen

Kabocci mimlija – eine Art Kohlroulade, gefüllt mit Käse oder Hackfleisch

Kusksu – dicke Bohnen, gegart in einer Tomaten-Zwiebelsoße

Minestra – maltesische Variante der Minestrone, also eine Gemüsesuppe, serviert mit frischem Schafs- oder Ziegenkäse

Pastizzi – Blätterteigrollen gefüllt z.B. mit Käse, Fleisch oder Fisch. Wird auch als Frühstück gegessen

Qara'bagli – cremige Gemüsesuppe aus jungen Kürbissen

Ravjul – Ravioli gefüllt mit maltesischem Ricotta-Käse

Ross fil-Forn – eine Art Risotto mit Hackfleisch, Eiern, Safran und Tomaten

Timpana – Auflauf aus Makkaroni, Hackfleisch und Béchamelsoße

Torta tal Lampuki – Auflauf mit püriertem Blumenkohl, Lampuki-Fisch, Zwiebeln, Knoblauch und Tomaten

Lebendige Tradition: Speisen unterm Johanniterkreuz

beliebteste Frischfisch zwischen August und November ist *Lampuki*, ein makrelenähnlicher Fisch mit festem, weißem Fleisch. Er wird gedämpft, gegrillt, gebacken oder gebraten serviert. Jederzeit wohlschmeckend und zudem noch grätenlos ist *Sword Fish* (Schwertfisch), der auch gefroren nur wenig von seiner Güte verliert.

Getränke

Ein ausgesprochenes Nationalgetränk gibt es auf Malta nicht. Im Lande selbst werden nur Milch, Fruchtsäfte und die bittere Limonade *Kinnie* aus ungeschälten Orangen, Wasser und Wermutkraut sowie Wein und Bier produziert. Für Letzteres sorgen zwei Brauereien: Carlsberg und Farsons. Wein vom Fass bekommt man fast nur noch in einfachen Dorfkneipen. Die Res-

taurants beschränken sich fast ausschließlich auf Flaschenweine.

Auswärts essen

Die Speisekarten in den Restaurants sind immer auf Englisch, manchmal auch auf Italienisch oder Deutsch. In Restaurants der gehobenen Kategorien lässt man sich von einem Kellner zum Tisch geleiten. Manchmal ist es auch üblich, zunächst an der Bar oder in der Lobby bei einem Aperitif Platz zu nehmen und derweil die Bestellung aufzugeben. Der Kellner bittet dann zu Tisch, sobald die Vorspeise servierbereit ist.

Die Essenszeiten auf Malta sind nicht mediterran weit gefasst, sondern britisch begrenzt. Das Mittagessen wird in der Regel zwischen 12 und 14 Uhr, das Abendessen zwischen 19 und 22 Uhr offriert.

Glas und Spitzendeckchen

Viele maltesische Kunsthandwerker arbeiten in ausgedienten Hangars

Nirgendwo auf Malta reiht sich ein Souvenirgeschäft ans andere. Wer nach einem originellen Mitbringsel sucht, begibt sich am besten direkt in die Werkstätten, die zu einem großen Teil in den beiden Kunsthandwerkszentren der Republik, *Ta' Qali* bei Mdina auf Malta und *Ta' Dbiegi* bei San Lawrenz auf Gozo, untergebracht sind.

Vom äußeren Anblick sollte man sich nicht schrecken lassen: Die praktisch denkenden Malteser haben ihre Souvenirproduktion in alten Flugzeughangars und Militärgebäuden angesiedelt. Hier arbeiten Silberschmiede, die vor allem Filigranschmuck produzieren. Schön sind Türklopfer aus Messing, wie man sie insbesondere noch an den Türen im mittelalterlichen Städtchen Mdina findet. Gewichtige Mitbringsel sind aus maltesischem Stein geschnittene Aschenbecher und Briefbeschwerer, gut in der Hand liegen Tabakspfeifen aus dem Holz eines einheimischen Heidekrautgewächses und recht rustikal wirken die Erzeugnisse der lokalen Keramiker. Letztlich aber nur noch als Kitsch zu bezeichnen sind die lebensgroßen Ritterrüstungen aus Weißblech.

Das traditionsreichste Kunsthandwerk auf Malta, das über die Grenzen der Insel hinaus bekannt ist, wird noch immer in Heimarbeit hergestellt. Schon seit Jahrhunderten klöppeln maltesische Frauen eine Malteserspitzen und zieren damit Tischdecken und Taschentücher, Servietten, Schals und Stolen. Mit viel Fleiß stricken die Malteserinnen auch Wollpullover, -jacken, -mützen und -schals oder weben per Hand ihre farbenfrohen Wollteppiche.

Erst seit ein paar Jahrzehnten ist auf Malta und Gozo ein Kunsthandwerk ansässig, dessen Ergebnisse sich durchaus mit der Qualität der Spitzen messen können, denn in drei Werkstätten des Inselstaats wird farbiges Glas kunstvoll von Mund geblasen.

In einigen Spezialgeschäften sind außerdem Aquarelle und Handdrucke mit maltesischen Ansichten erhältlich.

Mundgeblasenes Glas in seiner vielfältigsten Form: Maltesor Glasbläserkunst

Öffnungszeiten der Geschäfte
Mo–Fr 9–13 und 15.30–19, Sa 9–13 und 16–20 Uhr

Feste, Events und mehr

Jedes Dorf hat seine Festa
und jede Woche ihren Event

Die Malteser feiern viel und gern. Die traditionellen Anlässe dafür geben die Kirche und die eigene heldenhafte Geschichte. So feiert

*Mit Mut zur Farbe
und Freude am Feiern:
Patronatsfest in Zabbar*

jedes Dorf ein ganzes Wochenende lang den Patronatstag seines Schutzheiligen mit Prozessionen, Feuerwerk und Jahrmarkt. Und die ganze Insel jene Tage, an denen feindliche Belagerungen siegreich überstanden wurden.

Doch damit nicht genug. Um sich selbst zu unterhalten und um noch mehr Urlauber anzuziehen, werden immer mehr Festivals und sportliche Events organisiert. Da plant so mancher gleich mehrere Malta-Reisen im Jahr und wird zum Stammgast. Vollständige Liste der Festas ist erhältlich bei: *Catholic Enquiry Centre for Tourists, Dar L-Emigrant, Castille Place, Valletta, Tel. 21 22 26 44, Fax 21 24 00 22, mecmalta@dream. vol.net.mt.* Eine relativ brauchbare Informationsquelle ist auch die in vielen Läden erhältliche Broschüre »*What's on*« sowie die Internetseite *www.visitmalta.com/events*.

Feiertage

1. Januar Neujahrstag
10. Februar Schiffbruch des Apostels Paulus *(Feast of St. Paul's Shipwreck)*
19. März St. Joseph's Tag
31. März Freiheitstag *(Freedom Day)* zur Erinnerung an den Abzug der letzten britischen Soldaten von Malta 1979
Karfreitag (variabel)
1. Mai Tag der Arbeit *(Feast of St. Joseph the Worker)*
7. Juni Gedenktag zum Aufstand gegen die Briten *(Sette Giugno)*
29. Juni St. Peter und Paul
15. August Mariä Himmelfahrt

8. September Fest zum Ende der großen Belagerung *(Our Ladies of Victories)*
21. September Unabhängigkeitstag *(Independence Day)* zur Erinnerung an die Erlangung der Unabhängigkeit 1964
8. Dezember Mariä Empfängnis
13. Dezember Tag der Republik zur Erinnerung an die Erklärung zur Republik 1974
25. Dezember Weihnachten

Feste und Veranstaltungen

Februar/März
Karneval von Weiberfassnacht bis Faschingsdienstag mit Umzügen, Tanzwettbewerben im Freien und Maskeraden in vielen Dörfern, vor allem aber in Valletta

31. März
Freiheitstag mit traditionellen Bootsrennen am Nachmittag im Grand Harbour

März/April
Am *Karfreitag* gegen 17 Uhr in 14 Dörfern aufwändige Prozessionen, am frühen Morgen des *Ostersonntags* prächtige Prozessionen mit der lebensgroßer Figur des auferstandenen Christus in Vittoriosa, Senglea und Cospicua

Mitte Mai
Nationales *Volksliederfestival* in den Argotti Gardens in Floriana mit Gastspielen ausländischer Gruppen

28./29. Juni
Mnarja-Fest. Am Abend des 28.6. Musik, Gesang und Illumination in den Buskett Gardens, am Nachmittag des 29.6. traditionelle *Pferderennen* in den Straßen von Rabat

1. Sonntag im Juli
Festas mit großem *Feuerwerk* in Birkirkara, Fleur de Lys, Hamrun, Luqa, Rabat und Sliema

2. Juli-Hälfte
Malta Jazz Festival an drei Tagen, verschiedene Veranstaltungsorte

Ruderboot-Regatta am Grand Harbour

8. September
Ruderboot-Regatta und *Volksfest* am Grand Harbour

Mitte November
Internationales *Chorfestival* im Mediterranean Conference Centre in Valletta mit Teilnehmern aus vielen Ländern

Am Puls des Lebens

**Die meisten Touristen und Malteser
leben zwischen den Hotels von St. Julian's
und den Mauern von Valletta**

Die Orte zwischen dem Grand Harbour im Süden und der St. George's Bay im Norden tragen zwar noch immer unterschiedliche Namen, sind in Wahrheit aber längst zu einer großen Stadt zusammengewachsen. Dabei ist eine deutliche Funktionsteilung spürbar. Valletta ist nicht nur das historische Zentrum der Insel mit den meisten Sehenswürdigkeiten, sondern tagsüber auch eine lebendige Einkaufsstadt. Viele Regierungsstellen sind hier angesiedelt, aber nur wenige Hotels.

Floriana – wie Valletta von Büros und Behörden geprägt – bildet den Übergang zu den Wohnsiedlungen der Händler und Staatsangestellten. Anfangs sind die nördlich gelegenen Stadtteile noch von kleinen Gewerbebetrieben durchsetzt; ab *Sliema* (12 300 Ew.) prägt dann aber der Fremdenverkehr das Gesicht der Orte, und *St. Julian's* und *Paceville* sind zumindest in Ufernähe nur noch reine Urlauberstädte. Hier pulsiert das Leben am Abend. Hinter den Stadtteilen am Wasser liegt eine zweite Reihe von Orten, die ebenfalls völlig ins städtische Malta integriert sind. *Zabbar* und *Qormi, Hamrun* und *Birkirkara*

*Beeindruckende Architektur:
St. John's Co-Cathedral*

Grüne Oase: Upper Barracca Gardens

gehören dazu. Sie haben dem Fremden nur wenig zu bieten – anders als *Paola* und *Tarxien* mit den zwei sehr bedeutenden Kultstätten. Die Siedlungen am *Grand Harbour* schließlich, allen voran *Vittoriosa, Senglea, Cospicua* und *Marsa*, werden vom Hafen und der Werftindustrie geprägt.

Der Grand Harbour war die Keimzelle des neuen Malta. Als die Johanniterritter 1530 auf Malta landeten, lag die Sciberras-Halbinsel, auf der heute Valletta und Floriana stehen, außer einem kleinen Fort noch völlig unbesiedelt dar. Auf der gegenüberliegenden Seite, wo heute *Senglea* und *Vittoriosa* zu finden sind, hatten sich Fischer zwischen den Ruinen phönizischer, byzantinischer und arabischer Bauten niedergelassen. Das Herz Maltas schlug zu jener Zeit in *Mdina*. Die Johanniter erkannten sofort den strategischen Wert des Grand Harbour.

27

Zwischen 1530 und 1565 ließen sie auf den beiden Halbinseln zwischen French Creek und Kalkara Creek nicht nur die alten Festungen neu erstehen, sondern auch gleich drei neue Städte: *Birgu*, das heutige Vittoriosa, *Senglea*, benannt nach dem Großmeister Claude de la Sengle, und – etwas landeinwärts gelegen – *Bormla*, heute Cospicua. Diese drei Orte nennt man zusammenfassend die *Three Cities* – die *Drei Städte*.

Valletta ist jünger als diese drei. Den Plan zum Bau der neuen Hauptstadt fasste Großmeister Jean Parisot de La Valette erst während der Großen Belagerung im Jahre 1565. Als sie überstanden war, wurde er sogleich mit finanzieller Unterstützung des Papstes und der Herrscherhäuser Europas in die Tat umgesetzt. Bereits 1571 konnte der Orden von Birgu, das wegen seines heldenhaften Kampfes gegen die Türken inzwischen den Ehrentitel Vittoriosa trug, in die neue Metropole umziehen. Drei einzigartig befestigte Städte, die aus der Luft gesehen wie fest verankerte Schlachtschiffe wirken, schützten nun den Grand Harbour vor Überfällen.

Die rege Bautätigkeit führte zu einem enormen Wirtschaftsaufschwung, der auch Künstler und Handwerker aus anderen Ländern Europas anzog. Die vorhandenen Städte reichten bald nicht mehr aus, sie unterzubringen. Um 1620 zogen die Ritter den Mauerring um Valletta weiter und schufen so die Vorstadt *Floriana*. Schon 1638 entstand um die Three Cities herum auf der Landseite ein zusätzlicher Verteidigungsring, die *Magherita Lines*, die ab 1670 durch die *Cotonera Lines* ergänzt wurden. Um

die gleiche Zeit erbauten die Ritter auch an der Landzunge, die gegenüber von Valletta die Hafeneinfahrt begrenzt, eine Festung, das *Fort Ricasoli*. Zwischen diesem Fort und Vittoriosa entwickelte sich *Kalkara* zu einem bedeutenden Platz für Fischer und kleinere Werften. Im 19. Jh. errichteten die Briten schließlich über Kalkara ein großes Marinekrankenhaus; am inneren Ende des Grand Harbour entstand mit *Marsa* eine Industriestadt.

Erst im 20. Jh. wuchsen auch die Weiler weiter im Norden zu Kleinstädten heran. Und der Tourismus der 1980er-Jahre hat aus *Sliema* und *St. Julian's* neue Zentren für Fremde und Einheimische zugleich gemacht. Doch zum Baden im Meer findet man im städtischen Malta trotzdem kaum Gelegenheit. Auf den felsigen Küstenstreifen kann man sich bestenfalls sonnen; zum Schwimmen sind die Pools der Hotels besser geeignet.

Valletta

Karte in der hinteren Umschlagklappe

[123 D2] Valletta (7100 Ew.) gibt sich gegenüber dem Rest der Insel vornehm distanziert. Größtenteils wird es durch den Grand Harbour und den Marsamxett Harbour von seinen Nachbarstädten getrennt; zu seiner Vorstadt Floriana hält es durch einen tiefen Wallgraben und eine breite Straßenschneise Abstand. Der Angelpunkt, der beide zusammenhält, ist der weite runde Platz vor dem City Gate, in dessen Mitte der markante *Tritonenbrunnen* steht. Der Platz ist zugleich Maltas wichtigster Busbahnhof, von dem aus Linienbusse in alle Winkel der Insel fahren.

Durch das *City Gate*, ein umstrittener Neuentwurf aus den 1960er-Jahren, tritt man ins Innere der ehrwürdigen Ritterstadt. Wie ein Rückgrat zieht sich von hier aus die *Republic Street* auf dem Grat des Monte Sciberras bis hinunter an die Spitze der Halbinsel. An ihr liegen Vallettas bedeutendste Plätze, aber auch der Großmeisterpalast und – mit einer Längsseite – die St. John's Co-Cathedral, der Oberste Gerichtshof, vornehme Geschäfte und einige der wenigen Straßencafés der Stadt. Nebenstraßen führen schachbrettartig zu den beiden Häfen hinunter. Die hier befindlichen Bars sind inzwischen arg heruntergekommen. Nur im unteren Teil der *Strait Street* ist noch ein Hauch von Soho oder St. Pauli zu spüren.

Nach langen Jahren des Stadtflucht wurde es in den 1990er-Jahren wieder chic, in Valletta zu wohnen. Ein wenig Geld investierte der Staat in die Renovierung der Häuser mit ihren typischen kleinen und großen Erker, die scheinbar wahllos an die Fassaden angesetzt sind. Vieles basierte bisher aber auf Privatinitiative. Jetzt bestehen große Pläne, zunächst den Busbahnhof und

---

MARCO POLO Highlights »Valletta/ Das städtische Malta«

★ **Hafenrundfahrt**
So sieht man Vallettas Festungsmauern am eindrucksvollsten (Seite 30)

★ **National Museum of Archeology in Valletta**
Maltas Altertum komplett (Seite 38)

★ **Tempel von Tarxien**
Großsteinbauten aus einer Zeit ohne Metallwerkzeuge und Maschinen (Seite 47)

★ **Grand Master's Palace in Valletta**
Pracht, die auch heute noch für Staatsempfänge genutzt wird (Seite 31)

★ **St. John's Co-Cathedrale in Valletta**
Der Prachtbau der Ordensritter (Seite 34)

★ **Vittoriosa**
Eine ganz südländische Arbeiterwohnstadt voller Geschichte (Seite 48)

★ **St. Julian's**
Maltas Zentrum, wenn es um Restaurants und Nachtleben geht (Seite 44)

★ **Merchant's Street in Valletta**
Straßenmarkt an jedem Werktagmorgen (Seite 42)

★ **Malta Experience in Valletta**
Maltas bedeutendste Audiovisionsschau im Alten Ordenshospitals (Seite 38)

★ **Hypogäum in Paola**
Geheimnisvolle Tempelanlagen unter moderner Bebauung (Seite 46)

den Platz hinter dem City Gate attraktiver zu gestalten und an der Stelle der Opernhausruine ein modernes Kulturzentrum zu errichten. Vielleicht weicht dann auch die abendliche Langeweile aus Valetta, die die Stadt bisher noch prägt.

Jeder Besuch Vallettas ist unvollständig ohne einen Blick von ihren Mauern und Bastionen auf die beiden Häfen – und ohne eine ★ Rundfahrt durch diese Häfen von Sliema aus. Nur wer beides unternommen hat, kann die Wehrhaftigkeit und die unglaubliche Bauleistung der Menschen des 16. bis 18. Jhs. richtig würdigen. Nicht vergessen sollte man dabei aber auch, dass Valletta im Zweiten Weltkrieg schwer bombardiert und später wieder aufgebaut wurde.

Vallettas Vorstadt *Floriana* ist weit weniger spektakulär. An den Platz mit dem Tritonenbrunnen grenzt sie mit dem weiten Vorplatz der St. Publius-Kirche, der nahezu von Getreidespeichern aus der Ritterzeit unterhöhlt ist. Zwei breite Boulevards ziehen sich von hier aus ins Land hinein. Die *St. Anne Street* bildet die Verbindungsachse zur übrigen Insel, während *The Mall* vor einer Bastion der Außenmauern endet.

Fährt man von Floriana aus bis zum Ricasoli Point am anderen Ufer der Hafeneinfahrt oder hinauf nach St. Julian's, benutzt man dafür am besten die Uferstraßen. Da liegen im Sommerhalbjahr überall noch die kleinen, bunten Boote in Buchten und Fjorden, da hat man immer wieder einen faszinierenden Blick auf das befestigte Valletta. Abends ist er besonders schön – denn die jahrhundertealten Mauern werden effektvoll angestrahlt.

SEHENSWERTES

Argotti Botanical Gardens [U A6]

Der schon 1754 auf einer Bastion der Stadtmauer angelegte Botanische Garten besitzt eine umfangreiche Kakteensammlung. *Frei zugänglich, The Mall, Floriana*

Auberge d'Angleterre et de Bavière [U D2]

Die Ordensritter aus Bayern, Großbritannien und Polen teilten sich eine Herberge, da sie zahlenmäßig schwach vertreten waren und die Gründung ihrer »Zunge« erst kurz vor dem Einmarsch Napoleons 1784 erfolgte. Sie nutzten einen monumentalen, aber schmucklosen Bau von 1696, in dem heute eine Schule untergebracht ist. *Keine Innenbesichtigung, West Street, Valletta*

Auberge de Castille, Léon e Portugal [U C–D5]

Der Palast der »Ritter von der Iberischen Halbinsel« erbaute Gerolamo Cassar, er wurde aber Mitte des 18. Jhs. stark barockisiert und ist heute Amtssitz des maltesischen Ministerpräsidenten. *Keine Innenbesichtigung, Castille Square, Valletta*

Auberge d'Italie [U D4]

Die einstige Herberge der italienischen Ordensritter soll spätestens 2002 Sitz der *Malta Tourism Authority* werden. Sie entstand 1574 ebenfalls nach den Plänen von Cassar als eineinhalbstöckiger Bau und erhielt erst Ende des 17. Jhs. ein Obergeschoss. *Mo–Fr 7–20, Sa 7 bis 19 Uhr, Merchants Street, Valletta*

City Gate [U C5]

Das heutige Stadttor am oberen Anfang der Republic Street ist ein

Die Auberge de Castille, Léon e Portugal ist heute Sitz des Premierministers

recht umstrittenes Werk von 1968. Das ursprüngliche Tor aus dem 16. Jh. wurde niedergerissen, da es dem Autoverkehr nicht mehr gewachsen war. In den nächsten Jahren sollen das City Gate und der angrenzende Busbahnhof erneut umgestaltet werden.

Fort St. Elmo [U F2]

Die strategisch hervorragend gelegene Festung an der Spitze der Sciberras-Halbinsel überwacht die Einfahrt zu beiden Häfen Vallettas, dem Grand Harbour und dem Marsamxett Harbour. Hier stand schon eine kleine Festung, als die Ordensritter nach Malta kamen. Sie war das erste Angriffsziel der türkischen Belagerer im Jahre 1565. Danach wurde das Fort vollständig neu erbaut; im Zweiten Weltkrieg wehrte man von hier aus alle U-Boot- und Schnellbootangriffe der deutschen und italienischen Marine auf im

Hafen liegende Schiffe erfolgreich ab. Heute ist im Fort die maltesische Freiwilligenmiliz untergebracht. Vor den Mauern des Forts verschließen steinerne Deckel tief in den Fels gehauene Kornspeicher aus dem 17. Jh.

Im Fort findet an bestimmten Terminen (im Hotel erfragen) die sehr fotogene, einstündige Parade *In Guardia* mit etwa 90 Teilnehmern in historischen Kostümen statt *(Eintritt 1,50 Lm).* Zutritt sonst nur *Sa 13–17, So 9–17 Uhr, Eintritt 50 c, St. Elmo Place, Valletta*

Grand Master's Palace (Großmeisterpalast) [U D4]

★ Mitten in Valletta steht der größte Profanbau der Hauptstadt, der Palast der Großmeister des Ordens. Seine zweigeschossige Fassade repräsentiert mit ihrer Strenge noch den Stil des 16. Jhs. Die hölzernen Erker an den Ecken sind

31

jünger, die Barockportale wurden erst im 18. Jh. angefügt. Überraschend lieblich wirken die beiden großen Innenhöfe, um die sich die Palastteile gruppieren: der Neptunshof mit einer Statue des antiken Meergottes und einem Brunnen, der früher als Pferdetränke diente, und der Prince-Alfred-Hof mit einer schlanken Palme und einer besonders schönen Araukarie. An der Turmuhr dieses Hofes schlagen seit 1745 bronzene, dunkelhäutige Gestalten in türkischen Uniformen jede volle Stunde.

Der Palast, während der britischen Herrschaft Sitz der Gouverneure, dient heute als Tagungsort des maltesischen Parlaments und als offizieller Amtssitz des maltesischen Staatspräsidenten. Trotzdem können Teile des Palastes besichtigt werden. Die Waffenkammer *(Armoury)* erreicht man vom Neptunshof aus. In ihr sind viele der insgesamt 5700 erhaltenen Waffen und Rüstungsteile der Ordensritter ausgestellt, darunter auch die goldverzierte Rüstung des Großmeisters Alof de Wignacourt (1601–22) und die nicht minder prächtige Paraderüstung seines Vorgängers Martin de Garzez (1595–1601). *Standardöffnungszeiten (s. S. 105)*

Vom Prince-Alfred-Hof aus führt eine Wendeltreppe hinauf ins Obergeschoss mit den Prunkgemächern des Palastes, die heute noch für Staatsempfänge genutzt werden. Ein Englisch sprechender Führer begleitet Besucher auf ihrem Rundgang durch die Räume.

Zunächst geht man durch den 31 m langen *Palastkorridor* mit Deckengemälden, die die Seeschlachten und Kaperfahrten der Ordensritter darstellen. Im Gelben Saal *(Yellow Room)* berichten Fresken aus der frühen Geschichte des Ordens. So sieht man hier zum Beispiel, wie die Ritter den französischen König Ludwig IX. 1250 ge-

Prunk und Pracht für Staatsempfänge: Grand Master's Palace

gen Lösegeldzahlung vom ägyptischen Sultan auslösten oder wie König Friedrich II. 1229 eine Truppe von Johanniter- und Templerrittern in die Schlacht führte. Im *Botschafter-Raum (Ambassador's Room)* wird die Darstellung der Ordensgeschichte mit acht weiteren Fresken fortgesetzt. Dargestellt ist auch die Ankunft der Ritter auf Rhodos im Jahre 1309 und ihren Abzug von dort im Jahr 1522. In den Sesseln dieses Raumes saßen schon Papst Johannes XXIII., George Bush und Michail Gorbatschow.

Im *Saal des Großen Rates (Hall of the Supreme Council)* nehmen 12 Fresken das Thema der Großen Belagerung im Jahre 1565 auf. Im *Speisesaal (State Dining Room)* schließlich hängen Porträts britischer Könige und Königinnen .

Der Höhepunkt eines Besuchs im Großmeisterpalast ist der *Gobelin-Saal (Tapestry Chamber)*. Er diente bis 1976 als Sitzungssaal des maltesischen Parlaments und ist noch entsprechend möbliert. An den Wänden hängen zehn einzigartige Gobelins aus Seide und Baumwolle, die in leuchtenden Farben Pflanzen, Landschaften, Tiere und Menschen in den Tropen zeigen. Sie wurden um 1700 in der Hofweberei Ludwig XIV., der Manufacture Royale des Gobelins, in Paris gewebt. Als Vorlage dienten Gemälde zweier Maler, die um 1640 mehrere Jahre in Brasilien gelebt hatten. Die Fresken über den Gobelins haben Kaperfahrten der Ordensritter zum Thema. *1. Okt. bis 15. Juni: Mo–Mi 8.30–15.45, Do–Fr 8.30–16 Uhr; 16. Juni bis 30. Sept.: Mo–Fr 8.30–13 Uhr, Eintritt 1 Lm, Palace Square, Valletta*

Hastings Gardens [U B–C4]

🔊 Der kleine Garten auf der St. John's Bastion ist nach einem britischen Gouverneur benannt und bietet einen guten Blick über Floriana. *Frei zugänglich, Pope Pius VI. Street, Valletta*

Lascaris War Rooms [U D5]

Insider Tipp

Im Innern einer Felsbastion des Ritterordens lagen während des Zweiten Weltkriegs die Befehlsstände der britischen Truppen. Der Besucher erhält am Eingang einen Walkman und wird so mit fundierten, wahlweise deutsch- oder englischsprachigen Erklärungen durch die Räume geführt, in denen mithilfe von lebensgroßen Figuren, alten Einrichtungsgegenständen und Lagekarten die historische Atmosphäre wach wird. Zu sehen ist auch der Raum, von dem aus General Dwight D. Eisenhower die alliierte Invasion Siziliens befehligte. *Mo–Fr 9.30–16.30, Sa und So 9.30–13 Uhr, Eintritt 1,75 Lm, Zugang von der St. Ursula Street über die Battery Steps neben den Upper Barracca Gardens, Valletta*

Law Courts [U D4]

Der 1967 im neoklassizistischen Stil erbaute Oberste Gerichtshof des Landes mit seinen sechs imposanten dorischen Säulen ersetzte die im Zweiten Weltkrieg zerstörte *Auberge d'Auvergne* aus dem 16. Jh. *Keine Innenbesichtigung, Republic Street, Valletta*

Lower Barracca Gardens [U E–F4]

🔊 Im kleinen Garten auf der gleichnamigen Bastion der Stadtmauer erinnert ein Tempel im dorischen Stil an den ersten britischen

Hochkommissar Maltas, Sir Alexander Ball. Schöner Blick über den Grand Harbour. *Frei zugänglich, Triq Mediterran, Valletta*

Manoel-Theatre [U D3]

Das einzige Theater der Insel Malta stammt bereits aus dem Jahre 1732 und gilt damit als ältestes erhaltenes, noch immer für Aufführungen genutztes Theater Europas. Die Besichtigung des prunkvollen ovalen Innenraums, in dem insgesamt 720 Zuschauer Platz haben, lohnt – auch ohne Aufführung. Seine vier Ränge mit ihren Logen sind ganz aus bemaltem Holz errichtet.. *Führungen Mo–Fr 10.30 und 11.30, Sa 11.30 Uhr, Eintritt 1,65 Lm, Old Theatre Street, Valletta*

Our Lady of
Mount Carmel [U D3]

Die 42 m hohe Kuppel dieser nach dem Zweiten Weltkrieg neu erbauten Kirche prägt die Silhouette der Stadt vom Marsamxett-Hafen her. *Frei zugänglich, Zekka Street, Valletta*

Royal Opera House [U C4]

Vom 1866 eingeweihten Opernhaus Vallettas steht seit einem Bombenangriff im Jahre 1942 nur noch eine Ruine. Der neoklassizistische Bau des britischen Architekten Edward Barry war seiner Umgebung so wenig angepasst, dass man ihn als einziges Gebäude Vallettas bisher nicht wieder aufrichtete. In den nächsten Jahren soll an der Stelle des ehemaligen Opernhauses ein neues Kulturzentrum entstehen, in das auch der benachbarte *St. James' Cavalier* mit einbezogen werden wird. *Frei zugänglich, Republic Street, Valletta*

Sacra Infermeria [U F3]

Das bereits 1575 erbaute Hospital des Ritterordens, die *Sacra Infermeria*, war höchstwahrscheinlich eins der modernsten und großzügigsten Krankenhäuser seiner Zeit. Anders als zu dieser Zeit allgemein üblich, hatte jeder Kranke sein eigenes Bett; insgesamt standen über 700 Betten in sechs verschiedenen Sälen. Der größte davon, 160 m lang, ist erhalten geblieben und dient heute als Ausstellungsraum und Restaurant für Sondergruppen. In den Krankensälen taten vom Orden selbst ausgebildete Ärzte und Pfleger Dienst. Auch die hochadligen Ordensritter mussten regelmäßig in Demut Kranke versorgen, die gesellschaftlich oft weit unter ihnen standen. Es gab sogar einen kleinen Krankensaal für ungläubige, gefangen genommene Moslems.

Der ehemalige Innenhof des Hospitals ist in ein internationales Kongresszentrum verwandelt worden, in dem alljährlich auch Veranstaltungen wie das *Internationale Chorfestival* Anfang November stattfinden. In den Kellergewölben informiert die Ausstellung *The Knights Hospitallers* anhand von Originalen, Modellen und mit Puppen nachgestellten Szenen sehr anschaulich über das Krankenhauswesen der Ritter; außerdem kann man nur im Rahmen dieser Ausstellung auch den Großen Krankensaal besichtigen. *Tgl. 9.30–17 Uhr, Eintritt 1,40 Lm, Mediterranean Street, Valletta*

St. John's Co-Cathedral [U D4]

★ Die eindrucksvollste Kirche Vallettas ist die Hauptkirche des Johanniterordens, Johannes dem Täufer

Kreuzigungen und Enthauptungen

Eine besonders grausame Episode aus der Zeit der Großen Belagerung

Als die türkische Flotte im Mai 1565 vor Malta auftauchte, war das Fort St. Elmo an der Einfahrt zum Grand Harbour ihr erstes Angriffsziel. Über 30 Tage lang konnte das Fort gehalten werden, aber keiner der 1500 Ritter und Soldaten überlebte. Nach der Einnahme des Forts ließ der türkische Oberbefehlshaber die Leichen der Christen an Kreuze nageln und mit der Strömung in den Grand Harbour treiben. Bei deren Anblick gab der Großmeister des Ordens, La Vallette, den Befehl, alle türkischen Gefangen zu enthaupten und ihre Köpfe als Kanonkugeln zum Feind zu schicken.

geweiht. Nach dem Abzug der Ritter von Malta fiel sie an das Erzbistum Malta und wurde 1816 von Papst Pius VII. in den Rang einer Bischofskirche erhoben, den bis dahin allein die Kathedrale von Mdina hatte – daher der eigenartige Name Co-Kathedrale. Sie wurde 1573 bis 1577 nach den Plänen von Girolamo Cassar erbaut, der eigentlich gelernter Militärarchitekt war. Entsprechend streng, schlicht, aber auch stabil ist das Äußere der Kirche. Ganz anders das Innere, das Mattia Preti Mitte des 17. Jhs. im Stil des Barock auf eigene Kosten umgestaltete! Nicht nur die Deckenmalereien mit 18 Szenen aus dem Leben Johannes des Täufers stammen von ihm, sondern auch die Vorzeichnungen für die zahlreichen Reliefs, mit denen Pfeiler und Wandflächen lückenlos bedeckt sind.

Am außergewöhnlichsten ist der Boden der Kirche. Er ist über und über mit 375 Grabplatten aus Einlegearbeiten in verschiedenfarbigem Marmor bedeckt, unter denen

Ordensritter beigesetzt sind. Die Platten sind mit Inschriften und Wappen, aber auch immer wieder mit Totenschädeln und Skeletten versehen.

Die Kapellen in den beiden Seitenschiffen sind jeweils einer Landsmannschaften des Ordens zugeordnet. Auf der linken Seite sind das von hinten nach vorn die Kapelle Deutschlands, Italiens, Frankreichs, der Provence und schließlich die von Bayern und Großbritannien gemeinsam; auf der rechten Seite sind es die Portugals und Kastiliens, Aragóns und der Auvergne. Das Oratorium der Kirche war für die Gebete der Novizen des Ordens gedacht und wurde ebenfalls von Preti gestaltet.

Das 1608 entstandene Altarbild jedoch – Maltas bedeutendstes Gemälde überhaupt – stammt von dem italienischen Barockmaler Michelangelo da Caravaggio. Mit ungewöhnlicher Ausdruckskraft, raffinierten Licht- und Schattenkontrasten und großer Realitätsnähe malte er die Enthauptung Johannes des Täufers. Der noch nicht ganz tote Täufer liegt nach dem Schwertstreich blutend auf dem Boden, während der halb nackte Henker seinen Kopf ergreift, um diesen mit dem Messer vollends vom Leib zu trennen. Der Gefängniswärter weist auf die goldene Schale, die Salome schon bereithält, um das Haupt des Täufers in Empfang zu nehmen. Eine alte Frau greift sich entsetzt mit beiden Händen an den Kopf, während zwei Neugierige durch ein vergittertes Fenster versuchen, das Geschehen zu verfolgen. Signiert hat Carravaggio sein Werk makabrerweise ausgerechnet in einer Blutlache auf dem Boden mit dem Schriftzug »fr. michelang«.

Der St. John's Co-Cathedral ist ein Museum angeschlossen, das man vom Oratorium aus erreicht. Es besitzt 28 Gobelins, die alljährlich im Juni in der Kathedrale selbst aufgehängt werden. Sie entstanden zwischen 1697 und 1700 in der Hofweberei der französischen Königs Ludwig XIV. nach Vorlagen von Peter Paul Rubens und Nicolas Poussin. Dargestellt sind u. a. die Verkündigung, die Anbetung der Hirten und der Heiligen Drei Könige, Jesu Einzug in Jerusalem, die Kreuzigung sowie die Auferstehung. *Co-Cathedral und Museum Mo–Sa 9.30–12.50, Mo–Fr auch 13.30 bis 16.50 Uhr; Eintritt 1 Lm, St. John's Square, Valletta*

St. Paul's Cathedral [U D3]

Die anglikanische Hauptkirche Vallettas ist eine Stiftung der britischen Königin Adelaide aus dem Jahre 1844 und steht an der Stelle der abgerissenen Herberge der deutschen Ritter, der *Auberge d'Allemagne*. Ihr 61 m hoher Kirchturm ist eines der Wahrzeichen der Stadt; der Bau selbst ist dem Neoklassizismus verpflichtet. *Tgl. 6–12.30 und 16–19.30 Uhr, Archbishop Street, Valletta*

St. Paul's Shipwrecked [U D4]

Die nach Plänen Girolamo Cassars erbaute und 1629 von Lorenzo Gafà veränderte Kirche, dem Schiffbruch des Apostels Paulus geweiht, besitzt zwei bedeutende Reliquien: eine vom Arm des Heiligen und ein Stück von der Säule, an der er in Rom enthauptet wurde. Das Gemälde von Matteo Perez d'Aleccio über dem Hauptaltar zeigt den Schiffbruch des Apostels, während die Deckenfresken von Attilio Palimbi aus dem Leben des Paulus

Klassisch schön: Oldtimer vor St. Paul's Cathedral

Upper Barracca Gardens: Vallettas schönste Parkanlage mit Ausblick

erzählen. *Mo–Sa 9.30–12 und 13 bis 17 Uhr, St. Paul Street, Valletta*

Upper Barracca Gardens [U D5]

Vallettas schönste Parkanlage, schon 1775 auf der St.-Peter-und-Paul-Bastion angelegt, liegt auf dem höchsten und eindrucksvollsten Punkt der Stadtmauer und gewährt einen grandiosen Ausblick über den Grand Harbour und die alten Städte Senglea und Vittoriosa, auf die Werft sowie die tiefer gelegenen Teile der Hauptstadt. In den Parkanlagen stehen mehrere Statuen, darunter eine von Sir Winston Churchill, und eine gelungene Skulptur des maltesischen Bildhauers Antonio Sciortino, betitelt mit »Die Straßenjungen«. *Frei zugänglich, Castille Square, Valletta*

MUSEEN

Die Standardöffnungszeiten sind auf Seite 105 aufgeführt.

Casa Rocca Piccola [U E3]

Der kleine Stadtpalast aus dem späten 16. Jh. zeigt echte maltesische Wohnkultur. Er wird zwar noch von einer einheimischen Adelsfamilie bewohnt, kann aber im Rahmen einer Führung besichtigt werden. *Mo–Sa 10–16 Uhr, Eintritt 2 Lm, Republic Street 74, Valletta*

Discovery Centre [0]

Maltas jüngstes Audiovisionsschau-Theater auf der 4. Etage im 2001 eröffneten Bay Street Complex zeigt den ganzen Tag über abwechselnd drei verschiedene, jeweils 45-minütige Shows. »Great Siege 1565« erzählt die Geschichte der Großen Belagerung durch die Türken, »Wartime Experience« lässt die Geschichte Maltas im 2. Weltkrieg lebendig werden und »Vision of Malta« gibt einen allgemeinen Überblick über die Inselrepublik. *Vorstellungen tgl. 9–19 Uhr, St. Augustine's Street, Paceville*

Das National Museum of Archeology birgt außergewöhnliche antike Schätze

Malta Experience [U F3]

★ Maltas Geschichte ist das Thema einer 45-minütigen Audiovisionsschau, bei der zu eindrucksvollen Toneffekten in Quadrophonie 39 Projektoren über 3000 hervorragende Dias auf eine Großleinwand werfen. Die Erläuterungen werden über Kopfhörer in zwölf verschiedenen Sprachen gegeben, darunter auch in Deutsch. *Mo–Fr stündlich 11–16, Sa–So 11, 12 und 13 Uhr, Eintritt 3 Lm, St. Lazarus Bastion, am unteren Ende der Merchants Street, Valletta*

National Library [U D4]

Die Nationalbibliothek war das letzte größere Bauwerk der Ordensritter. 1796 begonnen, wurde sie 1812 fertig gestellt und beherbergt heute über 300 000 Bücher und etwa 10 000 Handschriften und Urkunden aus der Geschichte der Inseln und des Ordens. Einige Dokumente sind Teil einer ständigen Aus-

stellung im Lesesaal. Dazu gehören die päpstliche Bulle *Pia postulatio voluntatis* von 1113, mit der Papst Paschalis II. den Johanniterorden gründete, und die Urkunde, mit der Kaiser Karl V. 1530 Malta dem Orden zum Lehen gab. *1. Okt. bis 15. Juni Mo–Fr 8.15–17.45 Uhr, Sa 8.15–13.15 Uhr; 16. Juni bis 30. Sept. Mo–Sa 8.15–13.15 Uhr, Republic Square, Valletta*

National Museum of Archeology/ Auberge de Provence [U C4]

★ In der 1574 erbauten, ehemaligen Auberge de Provence, wo einst die provenzalischen Ordensritter lebten, wird heute zur Schau gestellt, was Maltas Boden an archäologischen Schätzen freigab. Das Museumsgebäude wurde grundlegend restauriert, die Sammlungen neu geordnet. Die Wiedereröffnung erfolgte im April 1998; aber bis zur vollständigen Zugänglichkeit aller Ausstellungsräume dürfte noch einige Zeit vergehen. Es ist daher möglich, dass zeitweise nicht alle der nachfolgend genannten Objekte zu sehen sind.

Im *Erdgeschoss* sind die Funde aus dem Neolithikum ausgestellt; Tempelmodelle erleichtern das Verständnis neolithischer Architektur. Eins dieser Modelle zeigt auch das unterirdische Hypogäum in Paola, das nur wenige Urlauber besichtigen können. Besonders eindrucksvoll ist der berühmte Altar von Hagar Qim. Der 73 cm hohe Kalksteinblock ist über und über mit punktartigen Vertiefungen überzogen und trägt auf allen vier Seiten Reliefs. Sie stellen eine Staude dar, die wie ein Lebensbaum aus einem Topf emporwächst.

Zu den schönsten Kunstwerken der Jungsteinzeit gehört die nur 7 cm hohe und 12 cm lange Terrakottafigur einer liegenden Frau, die auch als *Schlafende Venus* bezeichnet wird *(Saal 8)*. Ihr winziger Kopf liegt auf einem Kissen, ihre viel zu breiten Schultern und mächtigen Oberarme sollen wohl ebenso wie die ausladenden Brüste und das gewaltige Becken Fruchtbarkeit symbolisieren.

Das nur 5 cm lange Miniaturmodell eines einräumigen Tempels aus Mgarr zeigt die früheste Form maltesischer Tempel und hat den Archäologen zugleich Aufschluss über die nirgends erhaltene Dachform der Tempel gegeben. An den Wänden dieses Raumes sind die Tierreliefs aus den Tempeln von Tarxien aufgestellt, die vor Ort auch als Kopien zu sehen sind. Sie zeigen Prozessionen von Opfertieren. Klar zu erkennen sind Schafe, Ziegen und Schweine. Einzigartig ist die abstrahierte Darstellung einer Sau, die 13 Ferkel säugt auch dies wahrscheinlich ein Sym-

bol der Fruchtbarkeit. Ein weiterer Höhepunkt aus neolithischer Zeit ist das Original der größten auf Malta gefundenen Magna-Mater-Statue, deren Kopie auch im Tempel von Tarxien steht. Aus der Größe der nur bis zur Hüfthöhe erhaltenen Skulptur kann man schließen, dass sie einst rund 3 m hoch gewesen sein muss.

Im *Obergeschoss des Museums* nimmt ein großer Saal die gesamte Frontseite des Museums ein. Seine bemalte Kassettendecke zeugt vom Prunk der Ritterzeit. In den Ausstellungssälen im Obergeschoss sind vor allem Exponate aus der phönizischen Zeit ausgestellt. Eindrucksvoll ist ein punischer, menschengestalteter Terrakottasarkophag aus dem 5. Jh. v. Chr., der bei Rabat gefunden wurde. Für die Wissenschaft bedeutsamer war freilich der *Cippus*, ein Grabstein, der eine phönizische und eine griechische Inschrift trägt. Er ermöglichte es den Archäologen erstmals, das phönizische Alphabet zu verstehen. *Standardöffnungszeiten, Republic Street, Valletta*

National Museum of Fine Arts [U C4]

Maltas Gemälde- und Kunstgalerie befindet sich in einem Ende des 18. Jhs. als Gästehaus des Ordens erbauten Palast, der in britischer Zeit Sitz der Admiralität war.

Neben zahlreichen Werken von Mattia Preti und Antoine Favray sind vor allem die Porträts verschiedener Großmeister des Ordens von Interesse. Mehrere Gemälde aus dem 18. und 19. Jh. zeigen das alte Gesicht der maltesischen Städte und Landschaften. Maltas bedeutendster Bildhauer, Antonio Sciortino (1883 bis 1947), ist mit mehreren Werken präsent, darunter die *Arab Horses* und *Charles Lindbergh auf dem Adler*.

Im Kellergeschoss des Museums geben Modelle über Ordensschiffe und das Ordenshospital Aufschluss. Die ausliegenden medizinischen Geräte stammen ebenso aus dem Ordenshospital wie das silberne Geschirr, von dem die Kranken jeden Standes essen durften. Die Ritter wollten damit nicht nur ihre Demut und Nächstenliebe unter Beweis stellen, sondern vor allem für Hygiene sorgen. *Standardöffnungszeiten, South Street, Valletta*

National War Museum [U E–F2]

In einem Vorwerk des Forts St. Elmo wird die Kriegs- und Militärgeschichte Maltas im 19. und 20. Jh. dokumentiert. Von besonderem Interesse sind die zahlreichen Fotografien, die vom Leiden und Mut der maltesischen Bevölkerung während des Zweiten Weltkriegs berichten. Ausgestellt ist auch das den Maltesern verliehene Georgskreuz. *Okt.–Mitte Juni: Mo–Sa 8.15–17, So 8.15–16.15 Uhr, Mitte Juni bis Sept.: 7.45–14 Uhr, Fort St. Elmo, Valletta*

The Sacred Island [U D5]

Eine Multivisionsshow, deren Thema die Religiosität der Malteser durch die Jahrtausende und ihre Festi von heute ist. *Mo–Fr 10, 11.30, 13, 14.30 und 16, Sa 10, 11.30 und 13, So 10 und 11.30 Uhr, Eintritt 1,50 Lm, Upper Barracca Hall, Castille Square, Valletta*

St. James' Cavalier [U C5] Inside Tipp!

Die Sankt-Jakobs-Festung, einst ein mächtiges und bedeutendes Bollwerk auf der Landseite der Verteidigungsmauern, wurde zu einem lebendigen Kulturzentrum umfunktioniert. Hier finden ständig Ausstellungen zeitgenössischer maltesischer Künstler und Kunsthandwerker statt. Ein Theater, ein Konzertsaal und ein Kino stehen für Konzerte maltesischer Musiker, für Gastspiele und für Film- und Videovorführungen zur Verfügung. Es lohnt sich, sich an der Kasse das jeweils aktuelle Vierteljahresprogramm zu holen. *Tgl. 10–17 Uhr, Eintritt frei. Etwa 45-minütige Führungen auf Englisch tgl. 10–15 Uhr, Teilnahmegebühr 1 Lm, Pope Pius V. Street, Valletta*

Der Bäcker bringt's

Ein Bild aus vergangenen Zeiten

Sie spazieren durch Valletta. Vor einem der hohen Wohnhäuser hält der Lieferwagen eines Bäckers. Im vierten Stock wartet schon – wie jeden Tag zur ungefähr gleichen Zeit – eine ältere Dame. Sie öffnet ihr Fenster und lässt einen Korb mit Geld darin an einem langen Seil herab. Der Bäcker tauscht das Geld gegen ein Brot, und die Dame zieht den Korb wieder herauf – der Einkauf ist erledigt. Soeben haben Sie ein Stück Mittelalter miterlebt, denn hier hat die Technisierung und mit ihr die Anonymität die Gegenwart noch nicht vollkommen eingeholt.

Toy Museum [U E3]

Spielzeug aus der Zeit vor der maltesischen Unabhängigkeit zeigt der Privatsammler Vinant Brown auf den drei Etagen seines kleinen Museums, darunter sehr viel originelles Blechspielzeug. *Mo–Fr 10–16, Sa, So 10–13 Uhr, Eintritt 1 Lm (Kinder frei), Republic Street 222, Valletta*

Traditions and Crafts of Malta [U C4]

Multimediaaustellung im St. John's Cavalier. Über 30 bewegliche, lebensgroße Figuren zeigen, wie die Malteser um 1900 lebten und arbeiteten. *Tgl. 9.30–17 Uhr, Eintritt 1,75 Lm, St. John Cavalier Street, Valletta*

ESSEN & TRINKEN

Baruffa [O]

Gemütliches Restaurant mit maltesischen Gerichten, Fisch und Steaks. *Tgl. 17.30–23 Uhr, Ball Street 27, Paceville, Tel. 21 34 27 28, €€*

Bouzouki [O]

Griechisches Restaurant mit gutem Service und besonders schönem Blick auf die Balluta Bay. Plätze auf zwei Etagen und einer Sommerterrasse direkt über der Bucht. Große Auswahl auch an griechischen Spezialitäten und orientalischen Kuchensorten. *Mo bis Sa 19–23 Uhr, Spinola Road 135, St. Julian's, Tel. 21 31 71 27, €€€*

Carriage [U C4]

Das Restaurant mit einem wunderbaren Ausblick über die Dächer von Valletta bietet französische Küche vom Feinsten. Kleinkinder unerwünscht. *Mo–Sa 12 bis 15.30, Fr und Sa 19.30–23.30 Uhr,*

South Street 22/25, Valletta, Tel. 21 24 78 28, €€€

Cordina [U D4]

Das renommierteste Café der Inselhauptstadt, schon 1837 im Erdgeschoss der ehemaligen Finanzverwaltung des Ritterordens gegründet. Die zarten Fresken stammen vom maltesischen Maler Giuseppe Calì. Besonders lecker: das maltesische Nougat. *Tgl. 8.30 bis 20 Uhr, Republic Street 244, Valletta, Tel. 21 23 43 85, €*

Da Pippo [U D5]

Wenn maltesische Geschäftsleute mittags ausländische Gäste ausführen, gehen sie gern in diese Trattoria. Chef Francisko bietet erstklassige rustikale Küche maltesischer und italienischer Provenienz. Telefonische Reservierung ist ratsam. *Mo–Sa 11.30–15.30 Uhr, Melita Street 1376, Valletta, Tel. 21 24 80 29, €€*

Giannini [U C3]

Ein gepflegtes Restaurant mit Blick auf Sliema im zweiten Stock eines Hauses auf der St. Michael's Bastion. *Unbedingt reservieren. Mo–Sa 12.15–14.30 und 19.15–23 Uhr, Windmill Street 23, Valletta, Tel. 21 23 71 21, €€€*

Henry J. Beans [118 C3]

Das legere Lokal im Komplex des Hotels Corinthia St. George ist einer der beliebtesten Treffpunkte jüngerer Malteser zwischen 20 und 35. Hier mutet alles amerikanisch an, von der Dekoration über die Musik bis zum Essen. Hamburger, Spareribs, Steaks und Fajitas sind die Renner. Am Wochenende werden »Themennächte« mit Live-Musik für Jüngere veranstaltet. *Mo–Do* ab 18 Uhr, Fr–So ab 12.30 Uhr, St. George's Bay, St. Julian's, Tel. 21 37 90 16 55, €€

Insider Tipp

La Cave [U D5]

Weinkeller unterm Hotel Castille, in dem man Käse, Pizza und Nudelgerichte zum Wein serviert. In den 16. Jh. aus dem Fels gehauenen Gewölben treffen sich vor allem die Einheimischen, um Weine aus aller Welt zu genießen und sich dabei wie auf Reisen zu fühlen. Mo–Fr 12–15 und 18–23, Sa und So 18.30–23 Uhr, Castille Square, Valletta, Tel. 21 24 36 77, €

Insider Tipp

La Maltija [0]

Kleines Restaurant mit maltesischen Spezialitäten. Der Eigentümer, zugleich der Chefkoch, heißt zwar nicht Biolek, hat aber im maltesischen Fernsehen seine eigene Kochsendung. Reservieren! Tgl. 18–23 Uhr, Church Street 1, Paceville, St. Julian's, Tel. 21 33 96 02, €€

L-Ghonella [0]

Im Sommer im Garten, im Winter in den Kellergewölben eines Palastes aus der Ordensritterzeit; italienisch-französische und maltesische Küche. Mo–Sa 18.30–23, im Sommer auch So 18.30–23 Uhr, Spinola Palace, St. George Road, St. Julian's, Tel. 21 34 10 27, €€

Insider Tipp

Luciano [U D4]

Einfaches Restaurant mit guter Küche. Tgl. 11.30–14.30, Mi, Fr und Sa auch 18.30–21.30 Uhr, Merchants Street / Ecke St. John Street, Valletta, Tel. 21 23 62 12, €

Mangal [0]

Keine Speisekarte, sondern nur ein täglich wechselndes türkisches Menü vom Feinsten. Tischreservierung erforderlich. Mo–Sa 18.30–22 Uhr, Tigne Seafront, Sliema, Tel. 21 34 10 46, €€€

Phoenix [U B5]

Das Restaurant im traditionsreichen Hotel Le Meridien Phoenicia ist auch bei wohlhabenden Einheimischen sehr beliebt. Im Sommer wird am Samstagbend auf der Veranda zum Barbecue geladen, am Sonntag zum Lunch nach britischer Kolonialzeitart. Zu beiden Mahlzeiten erklingt Jazzmusik live. Ansonsten unterhalten abends ein Gitarrist oder Piano-Spieler. Die Küche ist mediterran geprägt. Tgl. 12.30 bis 14.30 (nur mit Reservierung) und 19.30–22.30 Uhr, The Mall, Floriana, Tel. 21 22 91 10 83, €€€

San Paolo [U E4]

Insider Tipp

Modernes Familienrestaurant im Marktviertel der Stadt, englisches Frühstück, maltesische Gerichte. Mo–Sa 6.30–20.30, So 6.30 bis 15 Uhr, St. Paul's Street 249, Valletta, Tel. 21 22 09 61, €

Sumatra [0]

Malaiisch, mit erstklassigem Service und üppigen Hauptgerichten. Mo–Sa 19–23 Uhr, Triq Spinola 139, St. Julian's, Tel. 21 31 09 91, €€

EINKAUFEN

Als Einkaufsstadt ist Valletta noch immer die Nummer eins unter Maltas Ortschaften. Die meisten Geschäfte konzentrieren sich hier auf die Republic Street und ihre Seitengassen. Lohnend ist ein Bummel über den ★ Straßenmarkt in der Merchants Street mit der Markthalle IsSuq Tal-Belt (Mo–Sa

Tabacconist an der Republic Street

7–14 Uhr), der jedoch mediterranes Flair völlig fehlt. Dafür kauft man hier gut Fleisch, Käse und Gemüse. An jedem Sonntagvormittag findet ein großer Flohmarkt vor den Stadtmauern Vallettas statt, der am Busbahnhof vor dem *City Gate* beginnt. Leider wird immer noch mit Singvögeln gehandelt. Besondere Vorsicht vor Taschendieben!

Ein zweites Shoppingzentrum gibt es in Sliema, vor allem in den Straßen *The Strand* und *Tower Road*.

Insider Tipp Galea's Art Studio [U C4]
Inhaber Edwin Galea ist ein international höchst angesehener Marinemaler, dessen Darstellungen historischer Seeschlachten in zahlreichen Museen hängen. Hier kann man nicht nur seine Aquarelle, sondern auch nummerierte Drucke davon erwerben – und außer mariti-

men Szenen auch maltesische Motive. *South Street 70 und Strait Street 192, Valletta*

Giordano [0]
Südostasiens bekannteste Ladenkette für junge, preiswerte, westliche Mode hat jetzt auch im Mittelmeerraum Fuß gefasst. Nun kann man zum Einkaufen getrost nach Malta statt nach Singapur oder Hongkong fliegen. *Bay Street Complex, St. Augustine Street, Paceville*

Malta Government Crafts Centre [U D4]
Gegenüber der St. John's Co-Cathedral zeigt dieser staatliche Laden Arbeiten von etwa 50 maltesischen Kunsthandwerkern, deren Qualität staatlich kontrolliert wird. Verkäuflich ist nur ein kleiner Teil, aber die Adressen werden Ihnen gern genannt. *16. Juni–30. Sept.: Mo–Fr 9–13.30, sonst Mo–Fr 9–12.30 und 15–17 Uhr; St. John's Square, Valletta*

Sapienza [U C4]
Beste Buchhandlung der Insel mit großer Auswahl an Bildbänden und weiterführender Literatur über Malta und Gozo in verschiedenen Sprachen. *Republic Street 26, Valletta*

The Silversmith's Shop [U E3] *Insider Tipp*
Gute Silberfiligranarbeiten, im Laden vom Postkartensammler Maurice Borg hergestellt. *Republic Street 218, Valletta*

ÜBERNACHTEN

Astoria [0]
Sehr kinderfreundliches, kleines Hotel mit nur 10 Zimmern, etwa 100 m von der Küstenstraße ent-

fernt. *Point Street 46, Sliema, Tel. 21 33 20 89, €*

Insider Tipp **British** [U D5]

Traditionsreiches Hotel nahe am Grand Harbour, 44 Zimmer, teilweise mit Panoramablick. *St. Ursula Street 267, Valletta, Tel. 21 22 47 30, Fax 21 23 97 11, www.britishhotel.com, €*

Insider Tipp **Castille** [U D5]

Älteres Hotel, aber zentral; ideal für Urlauber, die viel mit dem Linienbus unternehmen wollen. *38 Zi., Castille Square, Valletta, Tel. 21 24 36 77, Fax 21 24 36 78, €€*

Crowne Plaza [O]

Ein Luxushotel für Sportliche mit Pool, Hallenbad und Diskothek, Tennisplätzen und Squashcourt. *187 Zi. Aktuelle Sonderangebote: www.crowneplazamalta.com, Tigne Street, Sliema, Tel. 21 34 34 00, Fax 21 31 12 92, €€€*

Galaxy Hotel & Vacation Club [O]

Hotel- und Apartmentanlage mit 152 Doppelzimmern und 75 Apartments mit bis zu drei Schlafzimmern im Zentrum von Sliema, etwa 300 m vom Meer entfernt. Mit zwei Pools, einem Hallenbad, Nightclub, Squashcourts sowie Fitnesscenter. *Depiro Street, Sliema, Tel. 21 34 42 05, Fax 21 34 42 41, www.daystar.com.mt/galaxy, €€*

Hilton Malta [O]

Internationales Luxushotel mit Business Centre, reichhaltigem Sportangebot sowie eigenem Hafenviertel mit Hafenpromenade und großer Yachtmarina. *294 Zi., Portomaso, St. Julian's, Tel. 21 38 33 83, Fax 21 38 66 29, www.hilton.com, €€€*

Le Meridien Phoenicia [U B5]

Renommiertes und traditionsreiches Luxushotel in zentraler Lage. *136 Zi., The Mall, Floriana, Tel. 21 22 52 41, Fax 21 23 52 54, www.lemeridienphoenicia.com, €€€*

Midland [U D5]

🏃 Sehr einfaches Gasthaus mit eigenem Restaurant sowie einigen Zimmern mit Blick über den Grand Harbour. *10 Zi., Valletta, St. Ursula Street 255, Tel. 21 23 60 24, €*

Osborne [U C4]

Ein älteres Hotel in zentraler Lage. *60 Zi., South Street 50, Valletta, Tel. 21 23 21 27, Fax 21 24 72 93, osbornehotel@vol.net.mt, €€*

Park [O]

Modernes Hotel, relativ ruhig nahe der Uferstraße gelegen. Hallenbad und Pool befinden sich auf der Dachterrasse. Freundlicher Service. *152 Zi., Graham Street, Sliema, Tel. 21 34 37 80, Fax 21 34 37 70, www.parkhotel.com.mt, €€*

Valentina [O]

Modernes, geschmackvoll eingerichtetes Hotel in Maltas Szenegegend Paceville. *8 Zi., Dobbie Street, Paceville, St. Julian's, Tel. 21 31 22 32, Fax 21 38 24 07, www.mol.net.mt/valentina, €€.*

AM ABEND

Das Nachtleben Maltas konzentriert sich auf Sliema und immer mehr auf ★ St. Julian's und Paceville. Valletta hingegen ist abends meist wie ausgestorben.

Axis [O]

Riesendisko für 3000 Gäste mit drei verschiedenen Levels, Maltas aufwändigster Lasershow und prominenten internationalen Gast-DJ's. Aktuelles Programm unter: *www. axis.com.mt. Fr–So, St. George's Road, Paceville, Tel. 21 31 80 78,*

Bamboo Bar [O]

Open-air-Terrasse gegenüber dem Eingang zum Spielcasino, auf Tropen getrimmt durch Palmen und Papageien. Verschiedene Themennächte wie »Maltesische Nacht« mit echter Fiesta-Musik bevor der DJ in Aktion tritt, oder »Mexikanische Nacht« mit kostenlosen Tapas den ganzen Abend über. Sa und So Gast-DJ's, Fr kostenlos Sekt für alle Damen. *Mi–Mo, Dragonara Road, Paceville, Tel. 21 37 53 31*

BJ's [O]

Live-Music-Club, in dem überwiegend Jazz und Blues gespielt werden und in dem manchmal auch maltesische und ausländische junge Talente Live-Musik anderer Richtungen zum Besten geben. Hier ist auch häufig in- und ausländische Prominenz zu Gast. *Tgl., Ball Street, Paceville, Tel. 21 33 76 42*

Casino Dragonara Palace [O]

Maltas traditionsreiches Spielkasino steht an der Spitze einer felsigen Landzunge nahe dem Westin Dragonara Hotel in Paceville/St. Julian's. Gespielt werden Roulette, Stud Poker, Black Jack und Punto Blanco. 170 einarmige Banditen gehören selbstverständlich auch zu den Möglichkeiten, Geld zu verlieren oder seine Urlaubskasse aufzubessern. Malteser haben erst ab 25 Jahren Zutritt, Ausländer schon ab

18. Es herrscht Ausweispflicht, aber kein Krawattenzwang. Eine Bar *(tgl. 16–4 Uhr)* und ein Restaurant *(tgl. 20.30–22.30 Uhr; €€€)* sorgen fürs leibliche Wohl. *Spielautomaten tgl. 12–4 Uhr; Spieltische tgl. 16–4 Uhr, Tel. 21 38 23 62*

Coconut Grove [O]

Große Diskothek auf drei Levels, Pool und Pool Bar. Treff für die Non-Rave-Teens, die lieber klassischen Rock bis hin zum Rock 'n Roll hören. *Wilga Street 1, Paceville, Tel. 21 31 29 03, www.coconut-mt. com (mit lustigen Gewinnspielen)*

Eden Century Cinema Complex [O]

Aktuelle Filme und Filmklassiker in englischer oder italienischer Origi-

Andrang vor dem Coconut Grove

nalfassung in 16 verschiedenen modernen Kinosälen und dem ersten IMAX-Vodafone-Filmcentre des Mittelmeerraums. *St. Augustine Road, Paceville, Tel. 21 37 64 01 (für Reservierungen), 21 37 64 04 (für Programminformationen)*

Empire [0]

Tanzpalast auf vier Ebenen mit vier Bars und zwei Dancefloors zum Abtanzen. *St. George's Road 74–77, Paceville, Tel. 21 33 11 20*

Guy's Bar Plough & Anchor Restaurant [0]

Eins der originellsten Pubs im englischen Stil. Der Wirt sammelt anthropomorphe Bierkrüge, in denen Comicfiguren, Stars, Starlets und so mancher Politiker zu erkennen ist. Dazu hat er zahlreiche Malt Whiskys und insgesamt über 400 verschiedene Spirituosen vorrätig. *Di bis So 10–14.30, 18–1 Uhr, Main Street 1, St. Julian's, Tel. 21 33 47 25*

AUSKUNFT

Tourist Information Office

City Gate Arcades (unmittelbar neben dem City Gate), Valletta, Tel. 21 23 77 47, und Bay Street Complex, St. Augustine Street, Paceville, Tel. 21 37 92 25 32

ZIELE IN DER UMGEBUNG

Hypogäum [122 C3]

★ Das Hypogäum in Paola ist Maltas wohl erstaunlichstes Bauwerk. Es ist die einzige vollständig erhaltene Kultstätte aus der Jungsteinzeit, also aus einer rund 5000 Jahre zurückliegenden Zeit. Anders als die überirdischen Tempel und Gräber hat es die Zeiten weitgehend

unversehrt überdauert – denn das Hypogäum ist in die Erde hineingebaut. Auf einer Grundfläche von 500 m^2 sind drei Geschosse bis zu 14 m tief aus dem Fels herausgearbeitet worden. Man findet Gänge und Hallen, Kammern und Nischen, Stufen und Reste von Wandmalereien. Als Motive überwiegen Ranken und Spiralen. Viele Gestaltungsformen erinnern an die oberirdischer neolithischer Tempel: Es gibt Orthostaten und Trilithnischen, Orakellöcher und sogar ein Anbindeloch für Opfertiere.

Entdeckt wurde das Hypogäum ganz zufällig beim Ausschachten einer Zisterne im Jahr 1902. Die herbeigerufenen Archäologen fanden in dem unterirdischen Labyrinth etwa 7000 Skelette sowie Skelettreste von mehr als 20 000 weiteren Toten, die auf eine Begräbnisstätte schließen lassen. Einige Wissenschaftler vermuten, dass all diese unterirdischen Räumlichkeiten auch eine Initiationsstätte für Priesterinnen waren, die in den Tempeln der großen Muttergottheit, der *Magna Mater*, dienten.

Man hat im Hypogäum Statuetten zweier schlafender Frauen gefunden, darunter die berühmte *Schlafende Venus*, die heute im National Museum of Archeology von Valletta ausgestellt ist. Haben so die Priesterinnen gewisse Zeit im Hypogäum verbracht, damit im Schlaf der Geist der Gottheit in sie einfuhr? Eine sichere Antwort auf diese Frage wird es nie geben.

1992 ist das Hypogäum geschlossen worden, weil die Besucherströme mit ihrem Atem insbesondere die erhaltenen Wandmalereien zu stark gefährdeten. Im Juli 2000 wurde es wieder geöffnet. Jetzt werden täglich nur noch maximal 200 Besucher in Gruppen von jeweils 10 Interessenten eingelassen. Sie sehen zunächst eine kurze Video-Einführung und werden dann auf festgelegten Wegen etwa 20 Minuten lang durch die faszinierende Unterwelt geführt. *Eintrittskarten (3 Lm, Kinder und Jugendliche 1 Lm) können schon vier Wochen im Voraus an der Kasse des Hypogäums für den nächstverfügbaren Besuchstermin gekauft werden. Wann der nächste freie Termin ist – auch wann die Vorverkaufskasse geöffnet ist – kann man unter Tel. 21 82 55 79 erfragen.* ==Es ist dringend zu empfehlen, sich frühzeitig um eine Eintrittskarte zu bemühen!== *Eingang Triq ic-Cimiterju, Paola*

Rinnella Movie Park [123 E2]

Im Rinnella Movie Park kann man eine Studiotour im Minizug unternehmen, in originellen Restaurants speisen und viel über Filme erfahren, die hier gedreht wurden. *Mi–So 10–18 Uhr; Eintritt 4 Lm, Fort St. Rocco bei Santu Roccu*

Senglea [123 D2]

Senglea (3500 Ew.) ist ein lebhaftes Städtchen mit hohen, größtenteils nach dem Zweiten Weltkrieg im alten Stil wieder aufgebauten Wohnhäusern der Werft- und Hafenarbeiter. Die einzige Sehenswürdigkeit ist die *Vedette* an der äußersten Spitze der Halbinsel. Der kleine Wachtposten hoch über dem Grand Harbour ist einer der schönsten Aussichtspunkte im städtischen Malta. Die an ihm angebrachten Halbreliefs zweier Augen und zweier Ohren sollen die Wachsamkeit der Verteidiger Maltas symbolisieren. *Frei zugänglich*

Tarxien [123 D3]

⭐ Inmitten moderner Bebauung liegen im Städtchen Tarxien (7500 Ew.), das nahtlos mit Paola zusammengewachsen ist, die eindrucksvollen Überreste der größten maltesischen *Tempelanlage.* Sie besteht aus sechs Einzeltempeln, die in den Jahrhunderten zwischen 3800 und 2500 v. Chr. entstanden sind. Drei davon sind gut erhalten und teilweise sogar rekonstruiert, von den übrigen dreien sind nur noch Spuren aufzufinden.

Man betritt zunächst den Vorhof des so genannten Südwesttempels. Klar zu erkennen sind hier einige wie Kanonenkugeln wirkende Steine, die den Menschen der Jungsteinzeit als Transportwalzen für das Herbeischaffen der schweren Steinblöcke dienten. Am östlichen Ende des Vorhofs liegt ein flacher Stein mit hohem Rand und sechs Löchern im Boden. Er diente der Aufnahme flüssiger Opfergaben, die durch die Löcher in die Erde geleitet wurden.

Betritt man nun den Tempel durch den markanten Trilitheingang, steht man in der ersten Tempelniere. Sie wird von einem annähernd rechteckigen Hof im Zentrum und zwei nach links und rechts abgehenden Apsiden gebildet. Hier stehen Kopien mehrerer mit Ranken-, Spiral- und Wellenreliefs überzogenen Altäre sowie die Kopie der größten Magna-Mater-Statue Maltas, deren Original sich im National Museum of Archeology in Valletta befindet. Besondere Aufmerksamkeit verdienen die Altäre mit den Tierreliefs in der linken Apsis. Der eine zeigt eine Doppelreihe von 22 Schafen und Ziegen; der andere sechs Tiere, die man als

Widder, Schwein, Schafe und Ziegen identifizieren kann.

In einem anderen Raum des Tempelkomplexes, der durch ein modernes Schutzdach klar erkennbar ist, befindet sich schließlich noch die Kopie des Reliefs aus dem Archäologischen Nationalmuseum, mit einer 13 Ferkel säugenden Sau.

Viele weitere Details, die typisch für maltesische Tempel sind, können auch in Tarxien ausgemacht werden. Da gibt es ein großes Steingefäß, in dem vermutlich das Blut der Opfertiere aufbewahrt wurde, und eine runde Steinschale mit Brandspuren, in der man wahrscheinlich das Fleisch der Opfertiere verbrannte. Stellenweise sind Löcher zu entdecken, an denen Opfertiere festgebunden werden konnten und andere, sich gegenüberliegende, in denen Balken als Absperrungen lagerten. An einigen Stellen hat sich auch noch der ursprüngliche Torbaboden erhalten, ein Gemisch aus gemahlenem Globigerinenkalk, der den gängigen Bodenbelag aller Tempel bildete. *Standardöffnungszeiten, Neolithic Temples Street*

Vittoriosa (Birgu) [123 D2]

★ Bevor die Ordensritter Valletta gründeten, residierten sie in Birgu, dem heutigen Vittoriosa. Nicht Valletta, sondern Birgu war das Ziel der türkischen Belagerung im Jahre 1565. Hauptstädtisch gibt sich Vittoriosa (3000 Ew.) heute überhaupt nicht mehr. Die Bewohner sind überwiegend als Schauerleute und Dockarbeiter im Hafen tätig. Vittoriosa ist eine oft süditalienisch anmutende Wohnstadt, in der einige historische Denkmäler aus der Ritterzeit verstreut liegen. Wie wenig man hier an Fremde denkt, zeigen auch die Straßenschilder: die alten, leichter zu merkenden englischen Straßennamen wurden alle durch maltesische ersetzt. Vittoriosa erstreckt sich auf einer Halbinsel zwischen dem Kalkara und dem Dockland Creek. An ihrer äußersten Spitze steht das *Fort St. Angelo (keine Besichtigung möglich),* von den Ordensrittern vor der Großen Belagerung erbaut. Hier standen einst schon eine byzantinische und eine arabische Burg.

Auf der Landseite ist Vittoriosa durch eine mächtige Mauer geschützt. Durch das Tor der Provence *(an dem auch der Linienbus hält)* gelangt man auf die Hauptstraße des Städtchens, die Triq il-Mina L-Kbira. An ihr liegt als bedeutendstes Gebäude Vittoriosas der schon 1535 erbaute, zweigeschossige *Inquisitorenpalast.* Man besichtigt den Gerichtssaal, in den der Angeklagte durch eine besonders niedrige Tür geführt wurde, damit er sich beim Eintritt demütig ducken musste, sieht den Gefängnishof, Gefängniszellen und den Galgenhof. Bis 1798 walteten hier insgesamt 62 vom Papst eingesetzte Inquisitoren ihres Amtes; über die Zahl ihrer Opfer liegen keine Angaben vor. *Standardöffnungszeiten*

Die Hauptstraße führt weiter zum Hauptplatz des Städtchens, dem Misrah Ir-Rebha. Von hier sind es nur wenige Schritte hinunter zum Dockyard Creek mit der Pfarrkirche *San Lawrenz* und dem *Oratorju San Guzepp.* Im Oratorium ist neben Gegenständen aus dem Privatbesitz von Rittern eine aus Rhodos mitgebrachte Ikone der Liebkosenden Gottesmutter zu se-

Englisch auf Malta

Warum nicht mal eine Sprachreise auf Malta verbringen?

Obwohl Englisch nicht die Muttersprache der Malteser ist, werden auf Malta viele Englisch-Feriensprachkurse für Schüler und Erwachsene angeboten. Man wohnt wahlweise in Hotels oder in maltesischen Familien. Buchen lassen sich solche Programme über Reisebüros bei vielen Sprachreiseveranstaltern in den deutsch-sprachigen Ländern; eine Liste aller 40 Sprachschulen ist beim Fremdenverkehrsamt Malta erhältlich.

hen; das Altarbild in der Kirche stammt von Mattia Preti.

Neben der Kirche erinnert nahe dem Ufer das Freiheitsdenkmal *(Freedom Monument)* an den Abzug der letzten britischen Soldaten von Malta im Jahre 1979. Von den erhaltenen oder nach dem Zweiten Weltkrieg wieder aufgebauten Gebäuden aus der Ritterzeit, die alle nur von außen betrachtet werden können, ist das ehemalige *Ordenshospital* an der Triq Il-Miratur sehr eindrucksvoll. Es entstand bereits 1532 als einer der ersten Bauten der Ordensritter und diente ab 1652 als Benediktinerinnenkloster.

Weitere Bauten aus der Ritterzeit, alle durch Marmortafeln an der Hauswand gekennzeichnet, sind in der Straße Triq Hilda Tabone die *Auberge de France* (Hausnummer 24/27), die *Auberge de Castille* (Nr. 57), die *Auberge de Portugal* (Nr. 59) und die *Auberge d'Auvergne et de Provence* (Nr. 17/ 23) sowie in der Triq Mistral die *Auberge d'Angleterre* (Hausnummer 39/40). Erwähnenswert sind auch noch der *Bischofspalast* aus dem Jahre 1615 in der Triq Il-Palazz Tal-Isqof und das *Norman*

nenhaus aus dem 16. Jh. mit Bauteilen aus dem 12. Jh. in der Triq Il-Tramuntana 11.

Nahe dem Freiheitsdenkmal vor der Kirche *San Lawrenz* zeigt das *Maritime Museum (Standardöffnungszeiten)* in einer alten Bäckerei der Royal Navy Dokumente, Schiffsmodelle, Waffen, Gemälde und traditionelle maltesische Boote.

Zabbar [123 E3]

Das am östlichen Rande des städtischen Maltas gelegene Zabbar (14 500 Ew.) war schon in der Zeit der Ordensritter ein bedeutender Marienwallfahrtsort. Im kleinen Museum der Barockkirche *St. Marija ta Grazzia* sind Weihegaben zu sehen, die die Ritter der Gottesmutter von Zabbar verehrten: Votivbilder, Modelle von Ordensschiffen, Sänften der Großmeister und sogar die Kutsche des Großmeisters Alof de Wignacourt aus dem frühen 17. Jh. Am Rande des Ortes ließ sich der einzige deutsche Großmeister des Ordens, Ferdinand von Hompesch, noch kurz vor seiner Kapitulation vor Napoleon einen prächtigen Triumphbogen, das *Hompesch Gate*, errichten.

Es war einmal ein Fischerdorf

Über Maltas Südosten weht schon ein Hauch von Afrika

Maltas Südosten ist für den Fremdenverkehr noch wenig erschlossen. Es gibt hier nur einen einzigen Ort mit nennenswerter touristischer Zukunft: Marsaskala (5100 Ew.). Das kleine ehemalige Fischerdorf liegt an einer fjordartigen, von niedriger Felsküste gesäumten Bucht und auf einem flachen Hügel, der hinüberreicht bis an die St.Thomas Bay, den Hauptbadeplatz des Ortes. Marsaskala ist vor allem bei jungen Maltesern als Wohnort in Mode gekommen; für das Jahr 2010 rechnet man mit über 11 000 Einwohnern.

Nur ein paar Kilometer südlich von Marsaskala hatte eine der größten Buchten Maltas, die Marsaxlokk Bay, auch einmal gute touristische Aussichten. Marsaxlokk ist mit seinen vielen bunten *Luzzi* und mehreren größeren Fischkuttern noch immer ein beliebtes Ausflugsziel. Aber ausgerechnet in diese idyllische Landschaft hat die maltesische Regierung das zweite Kraftwerk der Insel gesetzt, das mit seiner Leistung von 120 MW einen erheblichen Teil der Inselstromversor-

Das faszinierende Blau des Wassers gab der Blue Grotto ihren Namen

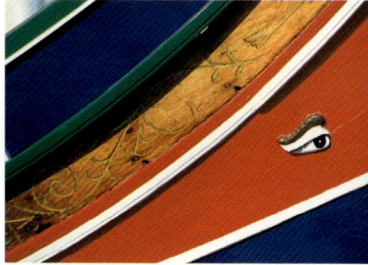

Auf Malta haben Fischerboote Augen

gung trägt. Und ebenfalls in dieser Bucht ist in Kalafrana bei Birzebbuga ein gewaltiger neuer Hafen entstanden, der problemlos auch von den größten Schiffen der Welt angelaufen werden kann.

Dabei ist Maltas Natur im Süden dieses Inselteils besonders attraktiv. Es gibt Höhlen mitten in den steilen Klippen wie die von Ghar Hassan oder auch Grotten auf Meereshöhe wie die Blaue Grotte, die ebenso romantisch ist wie ihr viel besungenes Gegenstück auf der italienischen Insel Capri. Zugleich stehen ganz in der Nähe die beiden landschaftlich am schönsten gelegenen Tempel der Insel, Hagar Qim und Mnajdra. Damit ist eine Fahrt entlang der Buchten und der Steilküste des maltesischen Südostens auf jeden Fall einen Tagesausflug wert – und Marsaskala als Urlaubsort eine

Alternative für den, der stadtnah und doch ruhig und ländlich wohnen möchte.

MARSASKALA

[123 E–F 3–4] Das Leben in Marsaskala spielt sich vor allem rund um das innere Buchtende ab. Hier sind die meisten Bars und Restaurants sowie ein modernes Kinozentrum mit vier Sälen angesiedelt.

Ein schöner Spaziergang führt an der Südseite des Fjords auf der Uferstraße bis zum Hotel Jerma Palace, wo zugleich auch die einzigen Sehenswürdigkeiten des Ortes liegen. Hier kann man gut von den Felsen aus baden. Der Hauptstrand von Marsaskala liegt an der 2 km entfernten *St. Thomas Bay (Linienbusverbindung)*, wo sich die Sonnenhungrigen auf einem winzigen Sandfleck sowie auf Beton- und Felsterrassen tummeln.

SEHENSWERTES

St. Thomas Tower
Die geschützte Bucht von Marsaskala diente den Korsaren des späten Mittelalters als Landungsplatz. 1614 erbauten daher die Ordensritter einen mächtigen Wachtturm. *Direkt gegenüber dem Hotel Jerma Palace*

ESSEN & TRINKEN

Fisherman's Rest
★ Sehr uriges Fischrestaurant an der St. Thomas Bay, das Lokal ist vor allem auch bei Einheimischen beliebt. Eine Reservierung ist an Wochenenden aber unbedingt empfehlenswert. *Mi–Sa 19–23, So 12 bis 15.30 Uhr, Tel. 21 63 20 49, €€*

Sharazad
Authentisches libanesisches Restaurant am inneren Ende der Bucht. *Mi–Mo 19–23 Uhr, Pjazza Mifsud Bonnici, Tel. 21 61 24 29, €€€*

Bei Marsaskala ragen Felsterrassen weit ins Meer

MARCO POLO Highlights »Marsaskala/Der Südosten«

★ **Hagar Qim und Mnajdra**
Jungsteinzeitliche Tempel in herrlicher Lage (Seite 55/56)

★ **Ghar Hassan**
Ein altes Seeräuberversteck (Seite 54)

★ **Blue Grotto**
Eine Bootsfahrt entlang der Steilküste (Seite 53)

★ **Hafen von Marsaxlokk**
Die bunten Boote im Hafen – fast das beliebteste Fotomotiv der Tourismusbranche auf Malta (Seite 56)

★ **Fisherman's Rest**
Fisch essen unter Einheimischen an der St. Thomas Bay (Seite 52)

ÜBERNACHTEN

Cerviola
Einfaches, überwiegend von Briten bewohntes Hotel im Neubauviertel. Pool zwei Gehminuten entfernt. *32 Zi., Tel. 21 63 32 87, Fax 21 63 20 56, Triq il-Qaliet, €*

Jerma Palace
Voll klimatisiertes Strandhotel mit 326 Zimmern, beheizbarem Pool, Hallenbad, Bars, Restaurants und Diskothek; viele Wassersportmöglichkeiten. *Dawret it-Torri, Tel. 21 63 32 22, Fax 21 63 94 85, www.corinthia.com/jerma, €€€*

Porto Scala
Familiäres Hotel mit Pool am Südufer. *24 Zi., Tel. 21 63 33 65, Fax 21 61 61 51, Triq il-Bahhara, €*

ZIELE IN DER UMGEBUNG

Birzebbuga   [123 D5–6]
Der größte Ort an der Marsaxlokk Bay (7500 Ew.) liegt auf einer kleinen Halbinsel mit den begrenzenden Buchten *Pretty* und *St Geor-*

ge's Bay. Beide bieten kleine, meist übervolle Sandstrände, an denen man im Anblick von Uferstraße, Bohrinseln und Schiffen, die den nahen Großhafen von Kalafrana anlaufen, leicht an der Wasserqualität zu zweifeln beginnt.

Blue Grotto   [122 A6]
★ Die Blaue Grotte erreicht man nur per Boot. Kleine Fischerboote fahren bei gutem Wetter ständig vom *Wied iz-Zurrieq* aus hin. Die vorübergleitende Steilküste, auf der sich als einziges Bauwerk der 1637 errichtete Wachtturm *Torre Sciuto* erhebt, ist allein schon eindrucksvoll. Das Boot läuft mehrere Grotten an, in denen nicht nur die Reflexion des Lichtes, sondern auch viele orangefarbene Algen für ein abwechslungsreiches Farbenspiel sorgen. Die größte dieser Grotten ist mit 30 m Höhe und 90 m Umfang die Blaue Grotte, in der die Lichteffekte vor allem vormittags besonders stark wirken. *Dauer der Bootsfahrt 20–30 Min., Preis je nach Auslastung des Bootes ca. 2,50 Lm*

Delimara [123 E–F 5–6]

Die lang gestreckte Halbinsel, die die Marsaxlokk Bay nach Osten hin begrenzt, bietet einige schöne kleine Felsbuchten. Lieblingsbadeplatz des ehemaligen Ministerpräsidenten Dom Mintoff war *St. Peter's Pool*; nicht minder reizvoll sind auch *Long Bay* und *Slugs Pool*. Alle liegen am offenen Meer und leiden darum nicht unter dem neuen Kraftwerk, das die Landschaft an der Westseite der Halbinsel arg verschandelt hat. Das von den Briten im 19. Jh. erbaute Fort und der Leuchtturm nahe der Südspitze von Delimara sind nicht zu besichtigen.

Ghar Dalam [123 D5]

Die *Höhle der Finsternis* ist Maltas bedeutendste Fundstelle fossiler Tierknochen. Sie öffnet sich zu einem Trockenflusstal hin, dem *Wied Dalam*, und führt sich verästelnd etwa 200 m weit in die Erde hinein. Der vordere Teil (ca. 80 m) ihres Hauptgangs ist beleuchtet und bequem zu begehen. In der Höhle, die zwischen 1865 und 1938 erforscht wurde, fand man zahlreiche Knochen ausgestorbener Tiere, die auf Malta zum Teil noch bis vor etwa 10 000 Jahren lebten. Dazu gehörten Zwergelefanten, deren kleinste nicht größer als Bernhardiner waren, zwei Arten von Flusspferden, Rotwild, Wölfe, Füchse, Bären, Kröten und Schlafmäuse. Daraus konnte geschlossen werden, dass während der Eiszeiten eine Landbrücke zwischen Malta und dem heutigen Italien bestand, über die die Tiere auf der Flucht vor dem Eis gen Süden zogen. In höheren Schichten fanden die Forscher in der Höhle zudem einige der älteren Keramikscherben des Archipels, die für eine Erstbesiedlung der Inseln um 5200 v. Chr. sprechen.

Im Höhlenboden kann man heute noch zahlreiche Tierknochen erkennen. Im kleinen Museumsraum im Kassenhaus sind einige der Funde aus Ghar Dalam ausgestellt; die intakten Skelette jüngeren Datums dienen dabei zu Vergleichszwecken. *Standardöffnungszeiten, rechts der Straße von Valletta Richtung Birzebbuga, kurz vor dem Ortsanfang von Birzebbuga*

Ghar Hasan [123 D6]

★ ◁◁▷ Maltas schönste Höhle öffnet sich etwa 70 m über dem Meeresspiegel in einem senkrecht ins Wasser abfallenden Kliff. Ein schmaler Pfad führt am Kliff entlang hin; die Höhle selbst ist naturbelassen und unbeleuchtet. So ist der Boden manchmal glitschig und die niedrige Decke zwingt an mehreren Stellen zu äußerster Vorsicht. Großartig ist der Blick, den man durch die Höhle von einer zweiten Höhlenöffnung aus aufs Meer und den noch zu Malta gehörenden Felsen *Filfla* hat. Er diente früher der britischen Marine für Zielübungen; heute ist er Naturschutzgebiet.

Der Name der Höhle leitet sich von einer örtlichen Legende ab. Sie soll einem Sarazenen nach der Rückeroberung der Insel durch die Christen als Versteck gedient haben, wo er sich auch mit seiner maltesischen Geliebten traf. Als ihre zarten Bande entdeckt wurden, stürzten sich beide aus der Höhle ins Meer. *Frei zugänglich; Taschenlampen werden gegen ein Trinkgeld am Parkplatz verliehen*

Neolithische Tempelanlage aus gewaltigen Steinblöcken: Hagar Qim

Hagar Qim [122 A5]

★ Der Tempelkomplex in Hagar Qim, landschaftlich besonders schön zwischen Feldern und dem Meer gelegen, besitzt nahezu alle Merkmale, die die maltesischen Tempel der Jungsteinzeit auszeichnen. Man staunt nicht nur über die gewaltige technische Leistung der Tempelbauer vor rund 5000 Jahren, die ja weder Metallwerkzeuge noch Seilzüge kannten, sondern auch über ihr feines ästhetisches Empfinden.

Beim ersten Anblick der Tempelanlage fällt ein einzelner, mit 6,40 m ungewöhnlich hoher Steinklotz auf. War er ein Phallussymbol für die Fruchtbarkeit schlechthin? Neben ihm liegt der größte Stein, der überhaupt für einen Tempel auf Malta verwendet wurde. Er ist über 4 m hoch, 7 m lang, 60 cm dick und wiegt mehr als 20 Tonnen.

Die Fassade des Haupttempels von Hagar Qim beeindruckt durch ihre Größe, Gleichmaß und Schönheit. Hinter dem Eingang liegt die erste Tempelniere mit sorgfältig geformten Fenstersteinen, die den Zugang zu den beiden Seitenkammern bildeten. Zu erkennen sind auch einige Blockaltäre, über und über mit einem Dekor aus eingehämmerten Punkten verziert. Hier steht eine Kopie des berühmten Altars von Hagar Qim, dessen Original im Nationalmuseum von Valletta steht: auf allen vier Seiten trägt er Reliefs, die eine Pflanze zeigen, die aus einem Gefäß herauswächst. Ein Stück weiter sieht man zwei tischartige Altäre, die durch ihre Form an Pilze erinnern. Die Anzahl der Altäre mag von der Bedeutung der Opferhandlungen in den neolithischen Tempeln zeugen. Ganz markant sind die so genannten Trilithnischen, die aus zwei senkrecht stehenden und einer waagerecht darüber liegenden Steinplatte bestehen.

Wahrscheinlich wurden in den Tempeln auch Orakel verkündet. So jedenfalls deuten Wissenschaftler das Oval aus niedrigen Steinplatten in der Nordostecke des Tempelkomplexes. In einer dieser Steinplatten nämlich entdeckt man etwa 40 cm über dem Boden ein Loch, das die Verbindung zu einem winzigen, dahinter liegenden Raum darstellte. Dort saß vermutlich eine geweihte Priesterin, die zu den im Oval Versammelten sprach. *Standardöffnungszeiten*

Von Hagar Qim sind es nur etwa 500 m in Richtung Meer bis zu dem ebenfalls sehr sehenswerten Tempel von *Mnajdra*. Gegenüber den Tempelbauten liegt ein kleines *Restaurant*, dessen beliebte Spezialität Oktopus in Brandy-Sauce ist *(€€)*.

Marsaxlokk [123 E4–5]

★ Marsaxlokk (2900 Ew.) ist Maltas wichtigstes Fischerstädtchen. Farbenfroh gestrichene Boote liegen am Kai, Fischer flicken am Ufer ihre Netze oder legen sie zum Trocknen aus. Dieser wohl idyllischste Ort Maltas lohnt jederzeit

den Besuch – besonders aber am Sonntagvormittag, wenn entlang des Hafens auch noch Maltas größter Wochenmarkt stattfindet. Dort wird mit allem gehandelt: Fisch, Gemüse, Jeans, Elektronik, Souvenirs, Spirituosen und vielem mehr. Viele kleinere Restaurants und Snackbars entlang der Uferstraße bieten vor allem frischen Fisch an. Besonders nobel ist *Hunter's Tower* in der Südwestecke des Hafens *(tgl. 12.30–14.30, Di–Sa auch 19.30 bis 22.30 Uhr; €€€)*; gut isst man auch im *Ix Xlukkjar* an der Uferstraße *(tgl. 11–15 und 18–22 Uhr, Xatt Is-Sajjieda 97, €€)*. Es gibt nur ein Hotel, das *Golden Sun* an der Straße nach Delimara *(Triq il-Kajjik, Tel. 21 65 17 62, Fax 21 65 31 33, www.mol.net.mt/goldensun, €€)*.

Mnajdra [122 A5]

★ Maltas dem Meer am nächsten gelegener Tempelkomplex ist überraschend klar gegliedert. Anders als

Hafen von Marsaxlokk mit seinen farbenprächtigen Fischerbooten

in Tarxien und Hagar Qim sind hier Einzeltempel aus verschiedenen Jahrhunderten klar unterscheidbar nebeneinander gesetzt. Rechts steht der kleinste und älteste aus der Zeit zwischen 3500 und 3000 v. Chr. Daran schließt sich der jüngste Tempel an, der immerhin noch etwa 4800 Jahre alt ist, und ganz links folgt schließlich ein Tempelbau aus der Zeit um 3000 v. Chr. Letzterer ist besonders interessant. In seinem nierenförmigen Hauptraum erkennt man noch gut die Dachform des Tempels. Das hier bis zu einer Höhe von 4,30 m erhaltene Mauerwerk aus waagerecht liegenden Großsteinen kragt Schicht für Schicht über wie ein umgestülpter Bienenkorb. Dennoch entstand dadurch keine Kuppel, sonst hätten entsprechende Steine gefunden werden müssen. Eher wäre es möglich, dass der oberste Teil des Tempels mit Holzbalken und Lehm eingedeckt war. Sehr schön sind in diesem Tempel die Fenstersteine, die mehrfach von Trilithnischen eingerahmt sind. Viele sind mit einem Punktdekor überzogen, das bei entsprechendem Lichteinfall reizvolle Schatten wirft.

Im mittleren Tempel mit seinem sorgfältig erbauten Mauerwerk steht in zwei Nischen je ein etwa 30 cm hoher Blockaltar. Besonders der rechte wirkt wie ein stark benutzter Schlachtblock.

Durch Vandalismus wurden im April 2001 schwerste Schäden angerichtet, 60 Großsteine waren auf den Boden gestürzt. Mit Hilfe zahlreicher Spenden und der Unesco soll der vorherige Zustand schnellstmöglich wiederhergestellt werden. *Deshalb ist der Tempel bis auf Weiteres geschlossen!*

Mqabba [122 B4]

Der Ort (2700 Ew.) liegt inmitten riesiger, tiefer Steinbrüche, in denen der Globigerinenkalk für Maltas Hausbau gewonnen wird. Ein Besuch der privaten Steinbrüche ist zwar nicht möglich, doch der Blick von oben bleibt in Erinnerung.

Wied iz-Zurrieq [122 A6]

Der kleine Weiler am Meer war früher nur der Bootsliegeplatz für Fischer. Heute ist hier viel Betrieb, da von hier aus die Bootsfahrten zur Blauen Grotte starten.

Zejtun [123 D–E4]

Das große Dorf im Binnenland (11400 Ew.) besitzt zwei sehenswerte Kirchen: *St. Grigor* ist ein wehrhaft wirkender Bau aus dem frühen 15. Jh. *(an der Straße von Zejtun nach Tas Silg, keine Innenbesichtigung).* *St. Katharina* hingegen ist die Pfarrkirche der Gemeinde. Sie stammt aus dem frühen 18. Jh. und wurde nach Plänen des Architekten Lorenzo Gafà erbaut. In ihrer Sakristei ist ein Triptychon eines unbekannten volkstümlichen Malers aus dem Jahre 1604 zu finden, die *Filfla Madonna.* Das Werk wird so genannt, weil es ursprünglich aus einer Höhlenkapelle auf der unbewohnten Insel Filfla stammt. *Frei zugänglich, im Ortszentrum*

Zurrieq [122 B5]

In der *St.-Katharina-Kirche* dieses großen Dorfes (8800 Ew.) sind Spätwerke des Malers Mattia Preti und seiner Schüler zu sehen. Zu den hervorragenden Gemälden Pretis in dieser Kirche gehören der hl. Andreas am Andreaskreuz und die hl. Katharina auf dem Nagelrad. *Frei zugänglich, im Ortszentrum*

Geschichte im Herzen der Insel

Bevor die Ordensritter kamen, lag Maltas Hauptstadt im Zentrum des Eilands

Mdina ist einzigartig unter Maltas Städten – und das Gegenstück zu Valletta. Von den Mauern Vallettas aus sind die Hafeneinfahrten und das Meer gut zu überblicken, von Mdina aus sieht man weite Teile der Insel, die See bildet nur den Hintergrund. Aus den schmalen Straßen Vallettas lässt sich der Autoverkehr kaum verbannen, in den Gassen Mdinas sind Motorengeräusche eine Seltenheit. Valletta ist das lebendige Herz und Einkaufszentrum der Insel, Mdina gilt als die »Stille Stadt«, in der die Anzahl der Kirchen, Klöster und Paläste die der Geschäfte übertrifft. Und schließlich ist Mdina die alte Stadt des maltesischen Adels, während Valletta das Flair der Ordensritterzeit mit moderner Geschäftigkeit vermengt.

Doch Mdina ist älter. Schon die Römer hatten ihre Hauptstadt *Melite* auf einem tafelbergartigen Ausläufer des Dingli-Plateaus angelegt, das an seiner Spitze auf drei Seiten steil zur tiefer liegenden Ebene abfällt. Auf dieser Spitze stehen heute noch weithin sichtbar Mdina (370 Ew.) und das sich auf der dahinter liegenden Hochebene fast nahtlos anschließende Rabat (12 900 Ew.). Beide Städte werden durch eine Art Niemandsland vor dem Haupttor Mdinas getrennt, das außer vom Parkplatz und Ödflächen durch die Parkanlage der kleinen *Howard Gardens* ausgefüllt wird. Hier stehen auch immer ein paar Kutschen bereit, um die Besucher zeitgemäß durch die Gassen Mdinas zu fahren.

Ein repräsentatives Tor gewährt Einlass in die Stille Stadt, in der man sich leicht ein paar Jahrhunderte zurückversetzt wähnen kann. Abgesehen von der Kathedrale sind es weniger die Einzelbauten, die beeindrucken, als vielmehr das Gesamtensemble der Paläste und Mauern, Gassen, Winkel und Plätze. Details fallen ins Auge, schmuckvolle Türklopfer und stilvolle Laternen, verspielte Portale, hölzerne Erker und überraschende Innenhöfe. Grandios ist der Blick von den Stadtmauern auf Mosta und das städtische Malta.

Ein Besuch Rabats ist ebenfalls ein Gang in die Geschichte. Historisch Interessantes liegt hier allerdings zum größten Teil unter der Erde, in weitläufigen Katakomben, die immer noch nicht vollständig

Von weither sichtbar: die ehemalige Hauptstadt Mdina

erforscht sind. Jene, die man besichtigen kann, erzählen viel aus der Frühzeit des Christentums. Anders als das stille Mdina ist Rabat jedoch ein lebhaftes Landstädtchen mit echter südländischer Atmosphäre. Mdina und Rabat sind hervorragende Ausgangspunkte für (Wander-) Touren in die Natur. Die schöne Steilküste der Dingli Cliffs ist nahe, und die *Buskett Gardens*, Maltas schönstes Wäldchen, sind fast so etwas wie ein Stadtpark von Rabat. Wer das Meer nicht in seiner unmittelbaren Nähe braucht, wählt mit Mdina/Rabat zwar einen ungewöhnlichen, aber reizvollen Urlaubsort der Insel.

MDINA/RABAT

[121 D2–3] In römischer Zeit war das heutige Mdina nur ein Teil der Inselhauptstadt Melite, deren Stadtmauern auch etwa die Hälfte des heutigen Rabat umschlossen. Als die Araber Malta 870 eroberten, lagen diese Mauern in Trümmern. Die Moslems erneuerten die Stadtanlage nur an dem leichter zu verteidigenden Felsvorsprung, gerade einmal 2000 m² groß. Die Normannen bauten diese Mauern im 12. Jh. um und aus, beschränkten sich aber ebenfalls auf Mdina.

Im Jahre 1422, also noch vor der Ankunft der Ordensritter, suchten die Türken schon einmal Malta heim. Mit 18 000 Soldaten verwüsteten sie die Insel, konnten Mdina jedoch nicht einnehmen. König Alfonso von Aragón ehrte die Stadt daraufhin mit dem Titel *Città Nobile* – ein Akt, der mit der Verleihung des Georgskreuzes an Malta 1942 seine moderne Entsprechung fand.

Als die Johanniter 1530 nach Mdina kamen, ließen sie sich zunächst für zwei Jahre in deren Mauern nieder. Der einheimische Adel war erbost darüber, musste sich jedoch fügen. Die Ordensritter ließen die Mauern ausbessern und durch zwei neue Bastionen verstärken, bis sie nach Birgu, dem heutigen Vittoriosa, zogen. Politisch einigte man sich darauf, dass der maltesische Adel sein Selbstverwaltungsorgan, die so genannte *Università* behielt. Die Malteser erkannten die Oberherrschaft der Ritter an, die Ritter wiederum versprachen, die Privilegien und autonomen Rechte des ansässigen Adels zu respektieren.

Während der Großen Belagerung im Jahre 1565 ließen die Türken Mdina nahezu unbehelligt. So konnten dessen Bewohner die Ritter mit Nachschub versorgen und Nachrichten des Ordens nach Sizilien übermitteln. Gelegentlich verwirrten die Leute von Mdina die Türken sogar, indem sie deren leere Truppenlager oder kleine türkische Reitertrupps auf Lebensmittelsuche überfielen und damit Unruhe hinter die Reihen der Belagerer trugen.

Und 1798, als Napoleons Truppen auf Malta wüteten, formierte sich hier der Widerstand. Nach der Plünderung des Karmeliterklosters warf man den gallischen Kommandanten, General Masson, einfach vom Balkon und zwang die Franzosen zum Rückzug nach Valletta, wo sie sich später den zu Hilfe gerufenen Engländern ergaben.

Mit dem Bau Vallettas verlor Mdina an Bedeutung. Immer mehr Bewohner wanderten in die neue Inselhauptstadt ab. 1693 richtete ein Erdbeben beträchtliche Schäden an. Am Neuaufbau beteiligten sich allerdings auch die Johanniterritter, die auf diesem Weg ihren Herrschaftsanspruch über Mdina deutlich machen konnten. Großmeister Vilhena ließ sich 1730 sogar einen Palast innerhalb der Mauern der maltesischen Adelsstadt errichten. Und das nicht irgendwo, sondern dort, wo bisher das Selbstverwaltungsorgan des Adels, die *Università*, getagt hatte – eine deutliche Brüskierung der einheimischen Nobilität.

Danach, unter der britischen Herrschaft, geriet Mdina endgültig ins wirtschaftliche Abseits, zumal auch die *Università* aufgelöst wurde. Alle Aktivitäten konzentrierten sich jetzt an der Küste – und als Bauernstädtchen war Rabat geeigneter als das noble Mdina. So

wuchs Rabat im 19. Jh. zur heutigen Größe heran und war zwischen 1883 und 1931 sogar durch Maltas einzige Eisenbahnlinie mit Valletta direkt verbunden.

SEHENSWERTES IN MDINA

Stadtrundgang

★ Nicht einzelne Bauten, sondern das Gesamtbild der Stadt machen den Reiz Mdinas aus. Löwen flankieren die Brücke, die über den breite Graben der Stadtmauer zum 1724 neu erbauten, barocken *Haupttor* führt. dieses trägt das Wappen des Großmeisters Vilhena. Gleich danach erhebt sich rechts auf dem kleinen St. Publius Square in einem Garten der *Palast des Großmeisters Vilhena*, heute das *Museum of Natural Science*. Links beherbergt die *Torre*

MARCO POLO Highlights »Mdina und Rabat/die Mitte«

★ **Mdina**
Maltas schweigende Stadt hat sich seit Jahrhunderten kaum verändert
(Seite 61)

★ **Katakomben in Rabat**
Geheimnisvolle frühchristliche Totenstädte mit Tischen und Wandmalereien
(Seite 63 und 65)

★ **Dingli Cliffs**
Natur pur und frische Seeluft
(Seite 68)

★ **Rotunde von Mosta**
Die Kirche mit der weitesten Kuppel von Malta
(Seite 68)

★ **Buskett Gardens**
Maltas schönstes Wäldchen
(Seite 67)

★ **Ta' Marija**
Folkloristisches Restaurant mit der größten Auswahl an maltesischen Spezialitäten
(Seite 69)

★ **Clapham Junction**
Bronzezeitliche Karrenspuren, leicht zu finden und eindeutig zu identifizieren
(Seite 68)

★ **Fontanella Tea Garden**
Weiter Blick über die Insel bei maltesischem Gebäck
(Seite 67)

dello Stendardo die Polizeistation von Mdina. Errichtet wurde sie 1750 als Signalturm, auf dem beim Nahen von Feinden ein Feuer hätte entzündet werden können. Im Norden schließt die *St. Agatha-Kapelle*, 1410 erbaut und 1694 erneuert, den kleinen Platz ab.

Hier steht man nun am Beginn der Hauptstraße von Mdina, der 230 m langen *Villegaignon Street*. Sie wird von Kirchen und Palästen gesäumt. Besonders auffällig ist linker Hand die *Casa Inguanez* zwischen Inguanez und Mesquita Street. Sie ist der Wohnsitz der ältesten maltesischen Adelsfamilie, 1370 erbaut, nach dem Erdbeben verändert. Die spanischen Könige besitzen hier noch heute uneingeschränktes Wohnrecht, haben es aber seit 1927 nicht mehr in Anspruch genommen.

Der Casa Inguanez gegenüber erhebt sich die *St. Benedict-Kirche* (1418) mit einem Altarbild von Mattia Preti. Sie gehört zu einem Nonnenkloster, dessen Ordensschwestern ihren Konvent niemals verlassen. Zwischen der Mesquita Street und dem Vorplatz der Kathedrale fällt linker Hand der *Palazzo Gatto Murina* aus dem 14. Jh. auf. Ihm schräg gegenüber stehen auf der anderen Straßenseite die *Casa Testaferrata*, erbaut über einem römischen Apollontempel, und die *Banca Giuratale*, seit dem frühen 18. Jh. Sitz der *Università*.

Nach der Besichtigung der Kathedrale und des Kathedralmuseums setzt man den Rundgang am besten auf der Villegaignon Street fort. Gleich links an der Einmündung der St. Sophia Street steht der *Palazzo Santa Sophia*, dessen Erdgeschoss im sizilianisch-normannischen Stil als ältestes Bauwerk der Stadt gilt. Das

Obergeschoss wurde hingegen erst 1938 aufgesetzt. Vorbei an der *Karmeliterkirche* aus dem 17. Jh. passiert man kurz vor dem Ende der Straße rechter Hand noch den *Palazzo Falcon* (1495), auch *Normannisches Haus* genannt. Er wurde kürzlich restauriert, ist aber innen nur selten zu besichtigen.

Am Ende der Villegaignon Street bietet der ◥◣ *Bastion Square* einen schönen Ausblick über weite Teile der Insel. Von hier aus kann man durch die Bastion Street entlang der Stadtmauer zur Kathedrale zurückkehren, um dann den westlichen, von Fremden kaum je besuchten Teil der Stadt zu durchwandern. Verlässt man Mdina durch das *Greek's Gate*, das Griechische Tor, kommt man unmittelbar zur Roman Villa, die bereits zu Rabat gehört.

St. Peter and Paul Cathedral

Als der Apostel Paulus im Jahre 59 drei Monate lang auf Malta lebte, soll er damals den römischen Verwalter der Insel, Publius, in dessen Palast zum Christentum bekehrt haben. Im Jahre 1298 wurde hier eine erste Kathedrale dem Apostel geweiht, die jedoch das Erdbeben 1693 völlig zerstörte. Binnen fünf Jahren errichtete Lorenzo Gafà eine neue Kathedrale. Man betritt dieses Meisterwerk durch die rechte Seitentür. Sogleich fallen die Grabplatten der hier beigesetzten Adligen mit farbigen Marmoreinlegearbeiten auf, die hier wie in der St. John's Co-Cathedral von Valletta den Boden bedecken. Das Deckengewölbe der Kathedrale ist mit Szenen aus dem Leben der Apostel Petrus und Paulus ausgemalt. Den Hauptaltar bildet eine prunkvolle Arbeit aus Marmor und Lapislazuli.

Malerisch zeigt sich der Innenhof des Palazzo Falcon in Mdina

Aus der alten sizilianisch-normannischen Kathedrale stammt noch deren ehemalige Haupttür aus irischer Mooreiche, verziert mit nordischen Motiven. Heute dient sie im linken Seitenschiff als Eingang zur Sakristei. Aus dem frühen 15. Jh. stammt die Marienikone in der Sakramentskapelle links vom Chor, die der Legende nach allerdings viel älter ist. Angeblich wurde sie vom Evangelisten Lukas als wahrhaftes Porträt der Gottesmutter mit dem Kind gemalt. Das Fresko über dem Hauptaltar mit dem Schiffbruch des hl. Paulus malte Mattia Preti. *Mo–Sa 9.30–11.45 und 14–17, So 15–16.30 Uhr*

SEHENSWERTES IN RABAT

Roman Villa
Wie die alten Römer auf Malta lebten, lässt sich andeutungsweise in der Römischen Villa am Stadtrand von Rabat erkennen. Wer anderswo schon solche Ausgrabungen gesehen hat, wird freilich enttäuscht sein von dem wenigen, was Maltas Boden hier im Jahre 1881 freigab. Deutlich zu erkennen ist vor allem noch der *Atriumhof,* der zu jeder römischen Villa gehörte. Er war von 16 Säulen umstanden und mit einem Mosaikfußboden geschmückt. Im Zentrum der mäander- und wellenförmigen Ornamente trinken zwei Tauben aus einer goldenen Schüssel. Auch die Wände schmücken Mosaikreste.

Im angeschlossenen kleinen *Museum* werden weitere Funde aus römischer Zeit gezeigt. Von besonderem Interesse sind eine rekonstruierte Olivenpresse sowie zwei Theatermasken aus dem 1. Jh., wie sie römische Schauspieler in Komödien trugen. *Standardöffnungszeiten, Museum Esplanade*

St. Agatha's Catacombs
★ Die Katakomben auf Malta dienten nicht als Versteck verfolgter

In den St. Agatha's Catacombs sind noch zahlreiche Fresken erhalten

Christen, sondern einzig und allein als Begräbnisstätten. Nicht nur Christen wurden hier beigesetzt, sondern auch Heiden und Juden. So ist hier die Darstellung eines siebenarmigen Leuchters zu finden, ein eindeutig jüdisches Symbol.

Die großen Schätze der Katakomben fielen in die Hände von Grabräubern. Der erste Großmeister des Ordens auf Malta, Philippe Villiers de L'Isle Adam, gestattete sogar offiziell die Plünderung der Katakomben – unter der Bedingung, dass ein Drittel aller gefundenen Schätze an den Orden abgeliefert werde. Die St. Agatha's Catacombs bieten aber dennoch etwas, das sonst in Maltas Katakomben nicht zu finden ist: Wandmalereien aus spätrömischer und mittelalterlicher Zeit. Die römischen Fresken aus dem 3.–5. Jh. zeigen Pelikane als Symbol Christi und Pfauen als Symbol für das ewige Leben. Drei weitere Fresken aus dem 12. Jh. stellen die Gottesmutter sowie Paulus dar.

Sehr interessant sind die 13 Darstellungen der hl. Agatha, die heute noch in der kleinen Höhlenkapelle und in der großen Kirche darüber verehrt wird. Die hl. Agatha war eine sizilianische Märtyrerin, die der Legende nach etwa im Jahre 250 einige Zeit lang in diesen Katakomben lebte, um sich dem Ehewunsch eines hohen römischen Verwaltungsbeamten in ihrer Heimat zu entziehen. Als sie später doch nach Catania zurückkehrte, erlitt sie die Folter und starb, ihrem Gemahl Jesus Christus treu bleibend. Teil ihres Martyriums war die Abtrennung ihrer Brüste. Auf den Wandmalereien ist sie häufig mit einer Schale in der Hand zu sehen, auf der ihre beiden Brüste liegen. Diese Bilder aus dem 15. Jh. waren ebenso wie die übrigen Fresken Votivgaben, die dankbare Gläubige in

Auftrag gegeben hatten. *Besichtigung in Begleitung eines Englisch sprechenden Führers. Mo–Fr 9–12 und 13–17, Sa 9–13 Uhr; Eintritt 50 c, St. Agatha Street*

St. Paul's Catacombs

★ Maltas größte Katakomben stammen aus dem 4. und 5. Jh. und wiesen einmal rund 1400 Grabstätten auf, von denen sich etwa 900 erhalten haben. All ihre Gänge zusammen sind etwa 900 m lang.

Man betritt die Katakomben über eine moderne Treppe, unter der aber noch die antiken Stufen zu erkennen sind. Das Zentrum der Anlage bildet eine Halle mit einer tiefer gelegenen Kapelle. An beiden Enden ist aus dem Stein ein *Agape-Tisch* gehauen, wie er für alle maltesischen Katakomben typisch ist. Er spielte eine wichtige Rolle bei den Liebesmählern, die im Rahmen der Totenfeiern abgehalten wurden.

Die Haupthalle ist auf drei Seiten von Gängen und Kammern umgeben, in denen man die verschiedenen Grabtypen erkennen kann. Am häufigsten sind die einfachen *Loculi-Gräber*. Sie bestehen aus einer rechteckigen oder gewölbten Wandnische oder aus einem einfachen Schacht im Boden. Loculi-Gräber konnten mit einem Stein verschlossen werden. Sie sind meist ausgesprochen klein und dienten offenbar als Kindergräber. Aufwändigere Grabtypen waren wohlhabenderen Persönlichkeiten vorbehalten. Für *Baldachingräber* wurde ein Felsblock so ausgehöhlt, dass seine Decke wie ein gewölbter Baldachin wirkte. Meist fanden darunter zwei Tote Platz, für die sogar eine Kopfstütze aus dem Stein gehauen war. Noch weiter ausgearbeitet sind die *Satteldachgräber*, deren gewölbte Decke von einem Satteldach gekrönt wird.

Liebesmähler an den Gräbern

Speisen mit den Toten und den Armen

Für die ersten Christen der Spätantike war das allabendliche Liebesmahl mit anderen Gemeindemitgliedern Teil des Lebens. Man vollzog damit die mystische Mahlsgemeinschaft nach, die Christus mit seinen Jüngern beim letzten Abendmahl und mit der gesamten Gemeinde beim Heiligen Abendmahl in der Kirche feierte. Agape, die Liebe, stand dabei im Vordergrund. Auch in den maltesischen Katakomben haben die frühen Christen solche Liebesmähler gefeiert – mit ihren Toten. Davon zeugen in den St. Paul's und St. Agatha Catacombs in den Fels gearbeitete, runde Flächen mit erhabenem Rand, so genannte Agape-Tische, um die sich die in der Regel männlichen Teilnehmer gruppierten. Der von den Gräbern ausgehende Verwesungsgeruch dürfte sie nicht gestört haben, denn zum einen führten Belüftungsschächte ins Freie, zum anderen gehörten allerlei üble Gerüche zum täglichen Leben – noch bis ins 19. Jh. hinein.

Wie in den St. Agatha's Catacombs waren die Wände auch in dieser Grabanlage mit Fresken geschmückt, die inzwischen jedoch nahezu verblichen sind. *Standardöffnungszeiten, St. Agatha Street*

St. Paul's Church

In einer Felsgrotte in Rabat soll der Apostel Paulus der Legende nach drei Monate lang gelebt haben. Über der Grotte steht heute die St. Publius-Kapelle, die einen Teil der Paulus geweihten Pfarrkirche von Rabat bildet. Links vom Hauptaltar der Kapelle wird in einer vergitterten Nische ein goldenes Reliquiar in Form eines Arms verwahrt, in dem als Reliquie ein Armknochen des Apostels liegen soll.

Das 1683 geschaffene Titularbild in der Pfarrkirche selbst ist das gelungenste Werk des maltesischen Malers Stefano Erardi. Es zeigt, wie Paulus nach dem Schiffbruch von einer giftigen Natter gebissen wird, ohne daran zu sterben – Grund genug, ihn für einen Heiligen zu halten. *Mo–Sa 9–12 und 13–17 Uhr, Parish Square*

MUSEEN

Aviation Museum

Liebevoll gehegtes Museum von Flugzeugenthusiasten, in dem u.a. über ein halbes Dutzend vollständig restaurierte Maschinen, darunter eine Spitfire und eine Hurricane IIa, zu sehen sind. *Tgl. 9-17 Uhr außer an Feiertagen, Eintritt 1 Lm, Hut 161, Crafts Village, Ta' Qali*

Cathedral Museum

Das in einem Barockbau von 1733 untergebrachte Kathedralmuseum präsentiert überraschenderweise auch eine Sammlung von Kupferstichen und Holzschnitten Albrecht Dürers und seiner Schüler. Von Dürer selbst werden 20 Tafeln des 1511 entstandenen *Marienlebens* sowie 34 Tafeln der *Kleinen Passion* gezeigt. *Mo–Fr 9–16.30, Sa 9–14 Uhr, 1 Lm, Archbishop Square, Mdina*

Multivisionshows

Im kleinen Mdina hat der Besucher die Wahl zwischen fünf Multivisionsschauen. Am besten ist *The Knights of Malta* in einem alten Pulvermagazin *(Mo–Fr 10.30 bis 16, Sa 10.30–15 Uhr, Eintritt 2,25 Lm, Magazines Street)*, brauchbar ist auch *The Mdina Experience* in einem Stadthaus aus dem 14. Jh. *(Mo–Fr 10.30–16, Sa 10.30–14 Uhr, Eintritt 1,60 Lm, Mesquita Square)*. Effekthaschend, vor allem Folter und Grausamkeiten aus Maltas Geschichte zeigend, ist *The Mdina Dungeon (für Kinder ungeeignet, tgl. 9.30–17 Uhr, Eintritt 1,40 Lm, St. Publius Square)*. Überflüssig sind die Shows *Tales of the Silent City* und *Medieval Times (beide in der Villegaignon Street)*.

Museum of Natural History

Das Naturgeschichtliche Museum, untergebracht in einem Palast aus dem 18. Jh., zeigt präparierte Tiere und vermittelt Einblicke in die Geologie Maltas. *Standardöffnungszeiten, St. Publius Square, Mdina*

ESSEN & TRINKEN

Bacchus

Gepflegtes Restaurant in einer Bastion der Stadtmauer mit internationaler Küche. *Tgl. 12–15 und 18–23 Uhr, Inguanez Street 1, Mdina, Tel. 21 45 49 81, €€€*

Cuckoo's Nest Tavern
Urige Taverne; Spezialität *Timpana.
Tgl. 12–15 und 19–23 Uhr; Triq San
Pawl 9, Rabat, Tel. 21 45 59 46,* €

Fontanella Tea Garden
★ ◥ Café an, in und auf der
Stadtmauer mit maltesischen Back-
waren. *Im Sommer tgl. 10–23, im
Winter nur bis 19 Uhr, Bastion
Street 1, Mdina, Tel. 21 45 42 64,* €

Palazzo Notabile
Restaurant in mehreren Räumen
und im romantischen Innenhof
eines alten Adelspalastes. *Tgl. 10
bis 16.30 Uhr; Villegaignon Street,
Mdina, Tel. 21 45 46 25,* €€

Stazzjon
Ein Restaurant in einem kleinen
ehemaligen Bahnhof und auf dem
alten Bahnsteig mit ganz besonderer Atmosphäre. *Im Sommer Di–So
18.30–22, im Winter nur So 12–15
und 18.30–22 Uhr; Mtarfa Road,
Tel. 21 45 17 17,* €€

Ta Qali
In den Hangars und Kasernen eines
ehemaligen Flugplatzes hat die maltesische Regierung einheimische
Handwerksbetriebe angesiedelt, die
hier ihre Produkte und andere Souvenirs verkaufen. Unbedingt sehenswert sind die Glasbläsereien
Mdina Glass und *Phoenician Glass-
blowers. Mo–Fr 8–18 (im Winter
nur bis 16 Uhr), Sa 8–12.30 Uhr;*
unterhalb von Mdina nahe der
Straße nach Attard. An das Gelände schließt der *National Park* an. Er
ist Maltas jüngste, durch Betontrep-
pen und -terrassen verunstaltete
Grünanlage und frei zugänglich.

Point de Vue
◥ Eine Pension über dem gleich-
namigen Restaurant in einem 400
Jahre alten Haus am Platz vor den
Mauern Mdinas. *13 Zi. Saqqajja
Square, Rabat, Tel. 21 45 41 17,
www.mol.net.mt/point,* €

Xara Palace
Erst 2000 eröffnetes, kleines, sehr
individuelles Luxushotel des Relais
& Chateaux-Verbunds in einem Palast aus dem 17. Jh. Alle Zimmer
und Suiten sind individuell und teilweise mit Antiquitäten eingerich-
tet. Die Restaurants auf dem Dach
und auf dem Platz vor dem Hotel
stehen auch Nicht-Hotelgästen of-
fen. *17 Zi., Triq San Pawl, Mdina,
Tel. 21 45 05 60, Fax 21 45 26 12,
www.xarapalace.com.mt,* €€€

Attard [121 F2]
Das große Dorf (9300 Ew.) ist
wegen des kleinen *San Anton Gardens* ein beliebtes Ausflugsziel
maltesischer Familien *(von Sonnen-
auf- bis Sonnenuntergang geöffnet).* Die Parkanlage gehörte ursprünglich zum *San Anton Palace,*
in dem lange die britischen Gouverneure wohnten. Seit 1974 ist er offizieller Wohnsitz des Staatspräsidenten. Die Pfarrkirche *St. Marija,*
von Tommasso Dingli mit einer Fassade im Stil antiker Tempelbauten
1613 erbaut, ist die bedeutendste
Renaissancekirche der Insel.

Buskett Gardens [121 D4]
★ Der auch *Boschetto* genannte
Park in einem Tal unterhalb des
Verdala-Palastes ist Maltas schöns-
tes Waldgebiet, um 1570 als Jagd-

revier für den Großmeister angelegt. Hier gedeihen Palmen, Pinien und Kiefern, Maulbeer- und Orangenbäume. Leider ist es im Winterhalbjahr auch ein bevorzugtes Revier illegaler Vogeljäger. *Frei zugänglich*

Clapham Junction [121 D4]

★ Die deutlichsten Karrenspuren aus der Bronzezeit befinden sich in der Nähe der Buskett Gardens. Die Briten waren von dem System sich verzweigender und sich kreuzender »Schienen« so sehr beeindruckt, dass sie ihm den Namen einer Eisenbahnkreuzung im Süden Londons gaben. Am Parkplatz gegenüber des *Buskett Forest Aparthotel* zeigt ein Wegweiser die Richtung an. Man folgt dem Fahrweg etwa 200 m weit und geht dann nach einer Rechtskurve an einem kleinen, würfelförmigen Häuschen nach rechts auf einen Feldweg. Schon nach wenigen Schritten liegt linker Hand am Hang die Clapham Junction. *Frei zugänglich*

Dingli Cliffs [120–121 C–D4]

★ ◁ Die Klippen von Dingli sind ein mehrere Kilometer langer Küstenabschnitt von großem Reiz. Größtenteils liegt zwischen der Kammlinie der über 200 m hohen Küstenfelsen und dem Meer eine schmale, landwirtschaftlich genutzte Terrasse; an einigen Stellen stürzen die Klippen aber auch unmittelbar ins Meer ab. Den besten Eindruck kann man auf einer etwa 3 km langen Wanderung vom Dorf Dingli entlang der Küste bis zu den Buskett Gardens erhalten. Einziges Restaurant direkt an den Cliffs ist das *Bobbyland (Di–So 12–16 und 18–22.30 Uhr, €)*.

Karrenspuren der Clapham Junction

Ghar Lapsi [121 E5]

An der Südküste Maltas sind natürliche Häfen selten. In Ghar Lapsi bietet eine winzige Bucht kleinen Fischerbooten Schutz, und auf Felsvorsprüngen und einigen schattigen Sandflecken tummeln sich die Badefreudigen. Nicht weit entfernt arbeitet seit 1982 Maltas erste Meerwasserentsalzungsanlage.

Oberhalb des Badeplatzes bietet das sehr einfache Restaurant *Lapsi View (€)* leckere Fischgerichte und maltesische Spezialitäten.

Inquisitor's Palace [121 E4]

An der Straße von Siggiewi zu den Dingli Cliffs steht der Sommerpalast der Inquisitoren aus dem 17. Jh. in reizvoller Lage oberhalb des Girgentals. *Keine Innenbesichtigung*

Mosta [121 E–F1]

Die Ortschaft (17 000 Ew.) ca. 5 km nordöstlich von Mdina besitzt eine der bemerkenswertesten Kirchen des Landes. Die Mariä Himmelfahrt geweihte ★ *Rotunda* wurde allein durch Spenden und freiwillige Arbeitsleistungen der Einwohner finanziert. Dem 1833 bis 1860 errichteten Zentralbau ist ein neoklassizistisches Portal nach dem Vorbild des römischen Pantheons vorgesetzt. Die gewaltige Kuppel – die viertgrößte Europas nach denen des Petersdoms, der St. Paul's Cathedral in London und der Pfarrkirche von Xewkija auf Gozo – hat einen Außendurchmesser von 54 m und eine Höhe von über 60 m. Sie ist selbsttragend aus maltesischem Stein nahezu ohne Zement erbaut. In der Sakristei liegt eine deutsche Fliegerbombe, die am 9. April 1942 die Kuppel durchschlug. Dass sie nicht explodierte und niemanden der anwesenden Gläubigen verletzte, wird als Wunder aufgefasst. *Tgl. 9–12 und 15–17 Uhr*

Nur etwa 150 m weiter an der Straße in Richtung St. Paul's Bay liegt das Restaurant ★ *Ta' Marija* mit dem größten Angebot maltesischer Spezialitäten inselweit und einem exzellenten maltesischen Kaffee. Einmal wöchentlich Folkloreshow *(9,50 Lm inkl. maltesischem Menü). Abends Gitarrenmusik live. Tischreservierung ratsam. Tgl. 10.30–15 und ab 18 Uhr, Constitution Street, Tel. 21 43 44 44, €€*

Santa Venera [122 B2]

Entlang der Hauptstraße des Dorfes (6200 Ew.) haben sich Teile des *Wignacourt-Aquädukts* aus dem frühen 17. Jh. erhalten. Es führte Trinkwasser aus Zentralmalta nach Valletta. Die Gebäude der Ordensritter hatten ebenso wie das Hospital und die Sklavenunterkünfte einen direkten Wasseranschluss, wohingegen sich die Bevölkerung ihr Wasser aus Brunnen holen musste. *Frei zugänglich*

Verdala-Palast [121 D3]

Der 1586 unter Großmeister Verdalle errichtete Palast liegt auf einem der höchsten Punkte der Insel über den Buskett Gardens. Seit 1975 dient er als offizielles Gästehaus der maltesischen Regierung. *Keine Innenbesichtigung*

Hinein ins kühle Nass der kleinen Bucht von Għar Lapsi

Wo die guten Strände liegen

Bauern und Badeurlauber prägen das Gesicht dieses Landstrichs

Der Nordwesten Maltas unterscheidet sich durch die niedrigen Hügelzüge, die ihn von West nach Ost durchziehen, deutlich von der übrigen Insel. Der erste dieser Hügelzüge, der nördlich von *Naxxar, Mosta* und *Mdina/Rabat* verläuft, ist zugleich der höchste und fällt relativ steil zum Inselnorden hin ab. Ihn haben die Briten im 19. Jh. mit kleinen Forts gegen Invasionen befestigt.

In den Tälern, die zwischen den *Victoria Lines,* der *Wardija, Bajda, Mellieha* und *Marfa Ridge,* liegen, wird noch intensiv Landwirtschaft betrieben. Die wenigen Dörfer, die es hier gibt, sind recht klein; denn bis ins 17. Jh. hinein war dieser Inselteil wegen seiner ständigen Bedrohung durch Piraten kaum besiedelt. Bis heute sind nur wenige Siedlungen entstanden und viele der Buchten, in denen die schönsten Strände Maltas liegen, sind völlig unverbaut. Manchmal stehen dort ein oder zwei Hotels; aber von einer Verbauung der Küsten kann in dieser Region kaum die Rede sein. Nur eine Ausnahme gibt es: die *St. Paul's Bay.*

Lebhaftes Treiben am Strand der Paradise Bay

An dieser Bucht des heiligen Paulus konzentriert sich der Fremdenverkehr Nordwestmaltas. Die Orte *Qawra, Bugibba, St. Paul* und *Xemxija* sind zu einem riesigen Ferienzentrum zusammengewachsen und bilden heute das kleine Städtchen, das landläufig *St. Paul's Bay* genannt wird. Hier gibt es Dutzende von Hotels, unzählige Apartmenthäuser und Unmengen von Restaurants, Bars, Diskotheken und Souvenirläden. Nur eins gibt es hier nicht: Strände. Wer nicht in den Swimmingpools oder von der Felsküste aus baden will, muss mit Bus, Boot oder Mietauto zu einem der Strände in der Umgebung fahren.

ST. PAUL'S BAY

[117 D–E 4–5] Das moderne Zentrum dieses großen Ferienortes (7400 Ew. und 10 000 Fremdenbetten) liegt auf einer Halbinsel zwischen St. Paul's und Salina Bay. Hier gehen die Ortsteile Bugibba und Qawra nahtlos ineinander über. An der Salina Bay stehen die modernsten Hotels, hier sorgen auch große, gepflegte Poolanlagen mit Wasserrutschen für viel Badespaß. Die eigentliche Uferpromenade zieht sich aber immer noch an der St. Paul's Bay entlang und führt bis in den alten Ortskern von St. Paul's. Von hier aus windet sich die Siedlung als schmaler Streifen um das innere Ende der Bucht herum und steigt schließlich durch Xemxija bis Mistra an, dessen mächtige Kirchenkuppel weithin sichtbar ist.

SEHENSWERTES

Dolmen

Die geringen Überreste eines neolithischen Tempels, die im Garten des modernen Großhotels *New Dolmen* stehen, sind abends am eindrucksvollsten. Dann nämlich werden sie – sogar farbig – angestrahlt. Zu sehen sind der Eingang mit seinen vier Orthostaten, die Türschwelle und einige Steinblöcke der einst konkav geformten Fassade. *Durch die Hotellobby frei zugänglich*

Salina Bay

Am inneren Ende der Salina Bay wird schon seit dem Mittelalter Salz aus dem Meerwasser gewonnen. Auch heute kann man hier im Spätsommer noch die Salzernte miterleben.

St. Paul's Island

Auf einem kleinen Felseiland am Eingang der Paulus-Bucht steht eine 12 m hohe Statue des Apostels. Der örtlichen Überlieferung nach soll er hier im Jahre 59 erstmals maltesischen Boden betreten haben. *Bootsausflüge zur Insel ab St. Paul's Bay/Bugibba*

Underwater Safaris

Durch 34 große Fenster im Kiel der »MV Seabelow« können bis zu 38 Passagiere gut 20 Minuten lang die Unterwasserwelt vor Maltas Küste

studieren. Der Törn dauert eine Stunde. *Abfahrt Mo–Sa mehrmals tgl. ab Bugibba. Fahrpreis 4,95 Lm, Kinder 3,95 Lm*

Wignacourt Tower

Ein kleiner Küstenwachturm aus dem Jahr 1610. *Mo–Fr 9.30 bis 12 Uhr, jeden zweiten So 9.30 bis 13 Uhr, St. Paul's Bay*

ESSEN & TRINKEN

Gillieru

★ Das Fischrestaurant, das als eines der besten Maltas gilt, ist auf einer Terrasse ins Meer hinausgebaut worden und bietet Plätze drinnen und draußen. Maltas diplomatisches Corps gehört zu seinem Stammpublikum. *Tgl. 12.15 bis 14.30 und 19.30–23 Uhr, Il-Knisja Street, im historischen Ortskern von St. Paul, Tel. 21 57 34 80, €€€*

It-Tokk

Ein modernes und gepflegtes Restaurant direkt am Meer. Es werden viele maltesische Spezialitäten angeboten. *Tgl. 12.30–14.30 und 18.30–21.30 Uhr, Qawra Coast Road, Qawra (gegenüber vom Suncrest Hotel), Tel. 21 57 71 01, €€€*

Ta' Cassia

Insi-Tip

Originelles Restaurant mit großem Garten abseits des Touristentrubels; mehrmals wöchentlich Livemusik. *Tgl. 19–23.30 Uhr, Qawra Road, Qawra, Tel. 21 57 14 35, €€€*

ÜBERNACHTEN

Mistra Village

Apartmenthotel auf einem Hügel über der Bay mit Pools, Hallenbad,

Restaurants und Animation auch für Kinder. Unterschiedliche Apartments mit bis zu 3 Schlafzimmer. Im Sommer kostenloser Bus-Service zum eigenen Wassersportzentrum. *Xemxija Hill, Xemxija, Tel. 21 58 04 81, Fax 21 58 29 41, www.corinthia.com, €€€*

New Dolmen

Großhotel an der St. Paul's Bay mit mehreren Restaurants, Diskos und Kasino. Breites Sportangebot, vier Pools, Hallenbad. *380 Zi., Islet Promenade, Qawra, Tel. 21 58 15 10, Fax 21 58 15 32, www.dolmen. com.mt, €€€*

Suncrest

Hotelanlage mit 434 Zimmern an der Salina Bay. Elegante Lobby, mehrere Restaurants, Bars und Diskothek. Breites Sportangebot, großes Frei- und Hallenbad. *Qawra Coast Road, Qawra, Tel. 21 57 71 01, Fax 21 57 54 78, www.suncrest hotel.com, €€€*

»insider tipp« Villa Mare

Hotelpension unter italienisch-britischer Leitung mit 12 Zimmern und Dachterrasse. *Plazza Tal-Bajja, Bugibba, Tel. 21 57 38 24, Fax 21 58 28 80, €*

SPORT

Mehrere Hotels verfügen über Tennisplätze und Squash-Anlagen. Die *Wassersportzentren* an den Ufern von *Qawra* und *Bugibba* bieten Gelegenheit zum Tauchen, Wasserskilaufen und Windsurfen.

Fahrräder aller Art verleiht *Skooniar Bicycle Centre (Pioneer Road, Tel. 094/705 42, skooniar@ hotmail.com)*. Auch die maltesischen Fallschirmspringer, die gern ausländische Gäste aufnehmen oder ausbilden, haben in Bugibba ihren Sitz: *Maltese Falcon Skydiving Ltd., Buckingham Court, Fisherman's Street, Tel. 21 58 21 53, Fax 21 58 57 66, www.digigate.net/ skydive/malfalc.htm*

AM ABEND

Außer in den Diskos in den Hotels kann man auch in manchen Restaurants tanzen, so unter freiem Himmel im *Beachaven* direkt am Ufer von *Xemxija*. Eine echte Bereicherung des Nachtlebens sind die

---

MARCO POLO Highlights »St. Paul's Bay/Der Nordwesten«

★ **Ghajn Tuffieha Bay**
Sandstrand ohne Trubel
(Seite 74)

★ **St. Mrija in Mellieha**
Ein Wallfahrtsziel seit Ordensritterzeiten
(Seite 75)

★ **Popeye Village**
Ein Südseedorf auf Malta, erbaut als Filmkulisse
(Seite 76)

★ **Restaurant Gillieru**
Niveauvolles Fischrestaurant direkt am Meer (Seite 72)

Insider Tipp beiden 2001 eröffneten Diskos *Odeum* und *VIP Club Zhta* im *New Dolmen Hotel.* 1100 Clubbers können hier ab Mitternacht in zwei Arenen zu Mainstream, House, Garage und Trance tanzen und morgens ab 3 Uhr frühstücken.

Das *Oracle Casino* im *Hotel New Dolmen (tgl. 12–4 Uhr)* bietet über 100 Slot Machines und 20 Spieltische mit Poker und Roulette.

Aktuelle Filme laufen täglich ab 13.15 Uhr in den sieben Sälen des modernen Kinozentrums *Empire (Pioneers Road, Qawra)*.

ZIELE IN DER UMGEBUNG

Armier Bay   [116 B–C3]
An dem 100 m langen Sandstrand gegenüber der Insel Comino gibt es mehrere Restaurants und auch ein paar kleine Geschäfte.

Comino
und Cominotto   [116 A–B 1–2]
Comino, der Inselwinzling mit nur 2,5 km² zwischen Malta und Gozo, ist eine Badeinsel, deren beliebte Bucht *Blue Lagoon* zwischen Comino und dem unbewohnten Felsen Cominotto von Ausflugsbooten angelaufen wird. In den beiden Hotels der Insel *Comino* und *Nautico (beide €€€, Tel. 21 52 98 21, Fax 21 52 98 26, www. cominohotels. com)* fühlen sich vor allem Wassersportler und Tennisspieler wohl *(regelmäßige Bootsverbindung mit Cirkewwa auf Malta und Mgarr auf Gozo)*. Die einzige historische Sehenswürdigkeit auf Comino ist der Wachtturm *Santa Marija* von 1618.

Ghajn Tuffieha Bay   [116 B6]
★ Dieser etwa 200 m lange Sandstrand unterhalb der Steilküste ist noch unbebaute Natur; eine Treppe, die auf der kleinen Halbinsel beginnt, die die Ghajn Tuffieha von der Golden Bay trennt, führt hinunter zum Strand. Über einen Küstenpfad kann man in etwa 20 Minuten zur Gnejna Bay hinüberwandern.

Gnejna Bay   [116 B6]
An der weiten Bucht der Westküste stehen zahlreiche Bootsschuppen von Gelegenheitsfischern aus dem Dorf Mgarr. Von einem kurzen Sandstrand aus kann man baden; schön ist eine Wanderung von hier zur Golden Bay. Restaurants und Unterkünfte fehlen an dieser Bucht noch; die Wassersportangebote sind etwas preiswerter als sonst üblich. Für kleine Snacks und kühle Getränke sorgt eine ambulante »Kantine«. *Von Mgarr aus führt eine beschilderte Asphaltstraße hinunter*

Golden Bay   [116 B5–6]
Einer von Maltas schönsten und längsten Sandstränden erstreckt sich vor flachem Hinterland entlang dieser Bucht. Zahlreiche Wassersportarten werden angeboten; Badeurlauber können im Hotel *Golden Sands* wohnen *(314 Zi., Tel. 21 57 39 61, Fax 21 58 08 75, €€)* oder im Feriendorf *Hal Ferh*, einer ehemals britischen Kaserne *(130 Zi., Tel. 21 57 38 82, Fax 21 57 38 88, €)*. Reitsportfreunde haben die Möglichkeit, gegenüber der Einfahrt zum Feriendorf Hal Ferh Pferde zu mieten *(tgl. 8–20 Uhr, Tel. 21 57 33 60)*.

Mellieha   [116 C4]
Die kleine, recht lebhafte Stadt (6100 Ew.) liegt auf einem Bergrücken hoch oberhalb der gleichnamigen Bucht. Am nördlichen

Der Apostel Paulus auf Malta

Wahrheit und Legende

Die Malteser sind stolz darauf, dass der Apostel Paulus ihrer Insel schon im Jahr 59 das Christentum gebracht hat. Wie die Apostelgeschichte erzählt, erlitt er an einer Insel namens Melite Schiffbruch und wurde von deren Bewohnern sehr freundlich aufgenommen. Als er den Biss einer giftigen Otter unbeschadet überstand, hielt man ihn für einen Gott. Während seiner drei Monate auf Melite vollbrachte Paulus viele Wunder; davon, dass er die Inselbewohner zum Christentum bekehrte, steht im Neuen Testament jedoch nichts. Auch anderes, was die Malteser über den Aufenthalt des Apostels auf ihrer Insel zu wissen glauben, entspringt örtlichen Legenden. Neuerdings behaupten einige Theologen sogar, dass Melite nicht identisch sei mit Malta und dass Paulus dagegen bei der griechischen Insel Kefallinia strandete. Davon freilich wollen die Malteser gar nichts wissen.

Ortsrand erhebt sich die erst 1948 erbaute ★ Pfarrkirche *St. Marija* über einer Höhlenkapelle aus dem Jahre 409, die über alle Jahrhunderte hinweg Maltas bedeutendstes Marienheiligtum blieb. Grund für die Verehrung ist eine im Altarraum unmittelbar auf den Fels gemalte Mariendarstellung, die der Legende nach der Evangelisten Lukas selbst gemalt haben soll. Kunsthistoriker datieren die von byzantinischen Ikonen inspirierte, stilistisch jedoch eindeutig Sizilien zuzuweisende Malerei in die Zeit um 1300.

Wunder hat die Madonna von Mellieha dennoch immer wieder bewirkt. Das wollen die zahlreiche Votivgaben in den Seitenräumen bezeugen, darunter solche, die von der Errettung aus Seenot erzählen und auch Porträts von Ordensrittern *(tgl. 8–12 und 16–18 Uhr; Mi nur bis 17.15 Uhr).*

Mit prächtigem Ausblick über den Norden Maltas wohnt man in Mellieha im Hotel *Panorama (56 Zi., Dun Belin Azzopardi Street, Tel. 21 52 34 23 Fax 21 52 34 00, www.panorama-hotel.com, €€)*; gepflegt essen kann man im Restaurant *Il Portico (tgl. ab 18.30 Uhr; Triq il-Kbira 36, Tel. 21 52 04 12, €€€)* sowie im *L'amigo*, dessen Manager stolz darauf ist, Deutsch zu sprechen *(Mo–Sa 11–14 und 18–22 Uhr; Triq il-Kbira 79, Tel. 21 52 08 22, €€).*

Mellieha Bay   [116 B–C 3–4]

Maltas längster Sandstrand liegt unmittelbar unterhalb der Küstenstraße am inneren Ende der Mellieha Bay. An Restaurants und Wassersportmöglichkeiten herrscht kein Mangel; das Ufer fällt hier sehr sanft ab und bietet damit auch Kleinkindern gutes Badevergnügen. Auf der anderen Straßenseite lassen sich im *Ghadira Natural Reserve* seltene Vogelarten beobachten *(Sa und So 9–12.30 und 14–16 Uhr).*

Imposant erhebt sich die Pfarrkirche von Mgarr aus dem Häusermeer

Mgarr   [116 C6]

Mgarr ist ein noch sehr ländlich-beschaulich wirkendes Dorf mit einer mächtigen Pfarrkirche und geringfügigen Resten eines neolithischen Tempels (*frei einsehbar*).

Paradise Bay   [116 B3]

Der 100 m lange Sandstrand unterhalb einer Steilküste ist nur 400 m vom Fähranleger von *Cirkewwa* entfernt. Zwischen Strand und Anleger liegt das Hotel *Paradise Bay* (*215 Zi., Pool, Hallenbad, Tennisplätze, großes Wassersportangebot; Tel. 21 57 39 81, Fax 21 57 31 15, www.paradise-bay.com €€*).

Popeye Village   [116 B4]

★ In die Traumwelt des Films führt ein Ausflug an die Anchor Bay. An dieser kleinen, felsigen Bucht ließ Regisseur Robert Altman 1979 ein romantisch anmutendes Dorf aus Holzhäusern und Plankenwegen errichten, das unter dem Namen *Sweethaven* als weitläufige Kulisse für die Verfilmung der Comicserie *Popeye* diente. Anschließend wurde es zu einer solch einträglichen Touristenattraktion, dass die Malteser es nach Bränden zweimal wieder originalgetreu aufbauen ließen. Den ganzen Tag über finden Veranstaltungen für Kinder statt. *Tgl. 9–19, im Winter nur bis 17 Uhr; Eintritt 3,30 Lm, Kinder 1,50 Lm*

Ramla Bay   [116 B3]

Der kleine Sandstrand an dieser Bucht gehört zum gleichnamigen Hotel, kann aber von jedermann genutzt werden. Das Hotel (*84 Zi., Ramla Bay, Marfa, Tel. 21 57 35 21, Fax 21 57 59 31, www.digigate.net./ramlabay, €€€*) bietet Wassersportmöglichkeiten.

Roman Baths   [116 B6]

Die einzigen bisher entdeckten Thermen auf Malta sind zwar recht klein, besitzen jedoch alle Merkmale eines antiken römischen Bads. Betritt man das eingezäunte und mit finanzieller Hilfe der Unesco überdachte Gelände, passiert man rechter Hand zunächst die *Piscina*, das Schwimmbecken der Therme. Gleich darauf stößt man auf das restaurierte *Tepidarium*, dessen Boden von einem runden Federmosaik bedeckt wird. Zwischen dem Tepidarium, dem beheizten Übergangsraum zwischen Kalt- und Warmbädern, und dem Schwimmbecken verläuft ein Korridor, der mit rhombenförmigen Fliesen ausgelegt ist. An ihn grenzen südlich die mit geometrischen Mosaiken ausgeschmückten Umkleideräume.

An das Tepidarium schließt sich westlich das *Caldarium* an, östlich das *Frigidarium*. Das Frigidarium, in dem kalt gebadet wurde, ist mit einem Rhombenmosaik ausgelegt. Bei dem Caldarium, dessen Fußbodenheizungssystem – die so genannten *Hypokausten* – deutlich zu erkennen ist, fehlt heute der Bodenbelag. Zu jeder Thermenanlage gehörte auch eine große Gemeinschaftslatrine, die hier in der Nordwestecke des Geländes liegt. *Keine festen Öffnungszeiten, meist 11–14 und 15–17 Uhr geöffnet; Trinkgeld für den Wärter üblich. Abseits der Straße zwischen Mgarr und der Golden Bay das Hinweisschild »Roman Baths« beachten.*

Selmun Palace [117 D4]

Der kleine, turmartige Palast wurde ursprünglich vom Ritterorden Anfang des 17. Jhs. als Wachtturm und Jagdschlösschen erbaut. Heute sind darin das Feinschmeckerrestaurant und die schönsten Suiten eines Hotels untergebracht *(Innenbesichtigung nur Hotel- und Restaurantgästen möglich).* Der Barkeeper Charly vom *Selmun Palace* wird als ungekrönter Cocktailkönig der Insel angesehen. Außerdem bietet das Hotel Pool, Tennis und Unterhaltungsprogramme. Bustransfer zu den Stränden ist für Gäste kostenlos *(154 Zi., Mellieha, Tel. 21 52 10 40, Fax 21 52 11 59, www.mercure.com, €€€).*

Victoria Lines [117 E–F6] *Insider Tipp*

Die Briten legten auf dem Hügelkamm, der zum Nordwesten hin steil abfällt, gleich mehrere Befestigungsanlagen an. Noch weithin sichtbar erhalten sind *Mosta Fort* [C3], *Targa Battery* [C3] und *Bingemma Fort* [B3]. Von den kleinen, nicht ausgeschilderte Landstraßen über den Höhen der Victoria Lines ergeben sich prächtige Ausblicke.

Zebbieh [116 C6]

Am Nordrand dieses Dorfes wurde der neolithische Tempelkomplex *Skorba* freigelegt. Dort fand man bedeutende Reste der Megalithkultur, doch für den Laien gibt die Ausgrabungsstätte wenig her.

Das Kulissendorf Popeye Village

Maltas kleine Schwesterinsel

Wer Ländlichkeit und Ruhe sucht, ist auf Gozo bestens aufgehoben

Die Fähre braucht nur eine halbe Stunde, um den Gozo Channel zu überqueren. Schon bei der Annäherung an den Hafen Mgarr fällt auf, dass Gozos 47 km lange Küste im Gegensatz zu der Maltas zumeist schroff zum Meer hin abfällt. Mgarr ist denn auch einer der ganz wenigen Orte Gozos, der zumindest teilweise direkt am Ufer liegt. Den Großteil Gozos bildet ein Hochplateau, das von lang gestreckten, niedrigen Tafelbergen durchzogen wird. Teils liegen die Dörfer auf dem Plateau, teils hoch oben auf den Bergrücken.

Zwischen den gozitanischen Gemeinden ist noch viel Platz für Landwirtschaft, denn die Insel ist nur etwa ein Viertel so groß wie Malta, beherbergt aber mit 29 350 Menschen lediglich rund ein Vierzehntel der maltesischen Staatsbürger. So wirkt Gozo grüner und ländlicher als die große Schwester Malta. Der Autoverkehr ist viel geringer, und an den Dorfstraßen sitzen die Frauen noch vor ihren Häusern und klöppeln die Spitzen, für die Malta berühmt ist.

Erster Eindruck von Gozo: Fährhafen Mgarr mit der Kirche Our Lady of Lourdes

Saftiges Grün für glückliche Ziegen

Fast im Zentrum der Insel erstreckt sich unter dem mittelalterlichen Burgberg – der noch immer die Zitadelle trägt – die Inselhauptstadt *Victoria*, auch *Rabat* genannt. Sie ist nicht nur die Verwaltungs- und Handelsmetropole der Insel, sondern bietet auch die meisten Sehenswürdigkeiten. Südlich und nördlich davon konzentriert sich in den Küstendörfern *Marsalforn* und *Xlendi* Gozos Fremdenverkehr. Sandstrände sind auf Gozo zwar ebenso rar wie auf Malta, doch dafür findet man eine Reihe einsamer Felsbuchten und Felsfjorde, in denen man baden kann, ohne gleich Häuser und Hotels vor Augen zu haben.

Besiedelt ist Gozo wohl schon ebenso lange wie Malta. Der neolithische Tempel von Ggantija zeugt davon. Und auch bronzezeitliche

Eine Laune der Natur: Azure Window

Karrenspuren sowie Relikte aus der Zeit der Phönizier und der Römer sind hier zu entdecken.

Das ganze Mittelalter über hatte Gozo immer wieder unter Überfällen und Plünderungen durch nordafrikanische Piraten und türkische Flotten zu leiden. So war die Insel gegen Ende des 16. Jhs. nahezu entvölkert und wurde erst im 17. Jh. von Malta und Sizilien aus neu besiedelt. Im gleichen Jahrhundert errichteten die Johanniter eine Reihe von Küstenwachttürmen. Die Gefahr von Überfällen ließ nach, und so entstand unterhalb der Zitadelle die heutige Hauptstadt Victoria.

Für all die Unbill, die Gozo im Mittelalter zu ertragen hatte, wurde es im Zweiten Weltkrieg entschädigt. Im Gegensatz zur großen Schwester hatte Gozo nie unter deutsch-italienischen Bombenangriffen zu leiden.

SEHENSWERTES

Calypso's Cave [115 D2]

Oberhalb der Ramla Bay öffnet sich an einer Felskuppe eine kleine Grotte, die der Nymphe Kalypso und ihrem Geliebten Odysseus als Liebeslager gedient haben soll. Eindrucksvoller als die Grotte ist der wunderschöne Ausblick. *Von Xaghra aus über eine gut ausgeschilderte Straße zu erreichen, frei zugänglich*

Dwejra Lake [114 A3]

★ An der Westküste von Gozo hat sich die See durch einen lichten Tunnel einen Weg ins Festland gebahnt und bildet dort hinter der Felsbarriere einen kleinen See, dessen Ufer von den Bootsschuppen der Fischer aus den Dörfern Gharb und San Lawrenz umstanden ist. Kinder baden dort, Taucher starten von den Anlegern aus zu Exkursionen, und Ausflügler können in kleinen Booten eine Fahrt durch den Tunnel unternehmen. Bei schönem Wetter passieren sie auch das *Azure Window*, einen gleichmäßigen, das Wasser überspannenden Felsbogen an der Küste. Etwas südlich von Dwejra Lake ragt vor der Küste der *Fungus Rock* aus dem Meer auf. Auf ihm wuchs in Kreuzritterzeiten eine schwammartige Heilpflanze, *Fungus melitensis* genannt, die vor allem als Mittel gegen Magenbeschwerden, aber auch zur Stillung von blutenden Wunden genutzt wurde. Zur Bewachung dieser Medizin erbauten die Ritter ihr gegenüber auf dem Festland 1651 den Festungsturm *Qawra Tower*.

Eine Asphaltstraße führt bis an den See, dort ist im Sommer auch ein einfaches Restaurant geöffnet. Nach Absprache mit den Fischern sind Bootsausflüge möglich.

Ggantija [115 D3]

★ ◁▷ Der *Tempelkomplex* von Ggantija gilt als sehr gut erhaltene und eindrucksvolle überirdische Kultanlage aus der Jungsteinzeit. Der ovale, 40 m lange *Vorplatz* auf einer künstlich angelegten Terrasse

war von einer Mauer aus abwechselnd senkrecht und waagerecht gestellten Steinplatten umfasst, von der Reste ganz links vor der Tempelfassade noch gut zu erkennen sind. Die beiden auf diesen Vorplatz ausgerichteten *Tempelfassaden* – ursprünglich wohl mindestens 10 m hoch – waren jeweils konkav geformt und trafen in der Mitte in stumpfem Winkel aufeinander. Vor den Fassaden verlief eine steinerne Bank, auf der die Gläubigen Opfergaben ablegten. Den Zugang zu jedem der beiden Tempel bildete ein enger Gang, der links und rechts von mächtigen, senkrecht stehenden Steinen – so genannten *Orthostaten* – flankiert war. Boden und Decke bildeten ebenfalls riesige Steinplatten.

Vor dem Eingang zum linken der beiden Tempel liegt eine Steinplatte mit erhabenem Rand. Brandspuren deuten darauf hin, dass hier Brandopfer dargebracht wurden. Auf der Schwellenplatte selbst steht eine flache Schale, die zur Aufnahme von flüssigen Opfern bestimmt war. In den hintersten der Orthostaten deuten je vier sich

MARCO POLO **Highlights**
»Gozo«

★ **Tempel von Ggantija**
Die eindrucksvollste Tempelanlage der Maltesischen Inseln (Seite 81)

★ **Zitadelle von Victoria**
Gozos schweigende Stadt mit guten Museen und prächtigem Ausblick (Seite 83)

★ **Dwejra Lake**
Schöne Küstenformationen mit einem Felsbogen und ein idyllischer See direkt am Meer (Seite 80)

★ **Ramla Bay**
Gozos schönster Sandstrand, und dazu noch völlig unverbaut (Seite 87)

Das Werk einer Riesin

Wie Unerklärliches erklärbar wird

Die tonnenschweren Steine für die Tempel von Ggantija stammen aus einem 5 km entfernten Steinbruch. Noch im letzten Jahrhundert konnten sich die Einheimischen diese Bauten nur als Werke von Giganten vorstellen, daher auch der Name Ggantija der Tempelanlage. Eine örtliche Legende erzählt, eine Riesendame habe die Tempel in einer einzigen Nacht erbaut – und dabei noch ihr Kind auf einem Arm getragen.

gegenüber liegende Löcher darauf hin, dass der Zugang zum Tempel mit Holzbalken versperrt werden konnte. Das Tempelinnere besteht aus einem breiten Mittelgang und fünf nierenförmigen Räumen. In einem von ihnen ist noch ein schöner Trilithaltar erhalten.

Lohnend ist ein Blick auf die *Umfassungsmauer* des Doppeltempels, die ihn auf drei Seiten umgibt. Die Menschen der Jungsteinzeit haben dafür gigantisch große Steine abwechselnd senkrecht und waagerecht aufeinander geschichtet. *Gut ausgeschildert am südlichen Ortsrand von Xaghra gelegen. Standardöffnungszeiten, Eintrittskarte ist auch für die Windmühle in Xaghra gültig.*

Marsalforn   [114–115 C–D2]

Der meistbesuchte Badeort der Insel ist auch für die Einheimischen an warmen Abenden und an den Wochenenden ein beliebtes Ausflugsziel. Man schlendert auf der Uferpromenade und isst in einem der vielen Restaurants direkt am Wasser. Überragt wird der Ort von einer modernen Christusstatue. Einen Spaziergang lohnen die noch immer genutzten Salinen direkt auf

den Uferfelsen westlich des einstigen Fischerdorfes.

Mgarr   [115 E4]

Gozos Fährhafen besteht vor allem aus einem großen Parkplatz. Überragt wird er von der neugotischen Kirche *Our Lady of Lourdes* mit ihrem markant spitzen Kirchturm sowie den Festungsmauern des *Fort Chambray*, das Mitte des 18. Jhs. als letzter größerer Bau des Ritterordens entstand *(zurzeit nicht zugänglich).*

Qala   [115 E–F4]

🏃 Das östlichste Dorf der Insel ist vom Tourismus noch weniger berührt als die anderen Gemeinden. Seine *Windmühle*, von einem deutschen Technikhistoriker liebevoll restauriert, ist das Schmuckstück des Ortes *(Innenbesichtigung nicht möglich).*

Ta' Pinu   [114 B2]

Eine bedeutende Marienwallfahrtsstätte für alle Malteser ist die 1920–31 erbaute, neoromanische *Basilika* von Ta' Pinu. In ihre Apsis sind die Überreste einer kleinen Kapelle aus dem 15. Jh. einbezogen, in deren Nähe zwei Einheimische vor ca. 110 Jahren wundersame Marienerscheinungen hatten. In der Folgezeit bewirkte die Gottesmutter von Ta' Pinu zahlreiche Wunder, sodass mit Spenden von Maltesern aus aller Welt das heutige Gotteshaus errichtet werden konnte. Im Kirchenraum, der mit bunten Glasfenstern und Mosaiken geschmückt ist, belegen die vielen Votivgaben, aber auch die von Geheilten zurückgelassene Krücken und Prothesen die Wundertätigkeit der Gottesmutter, zu der alljährlich noch immer Tausende von Einheimischen pilgern. *Täglich geöffnet*

Victoria/Rabat [114 C3]

Gozos Hauptstadt, im letzten Jahrhundert offiziell zu Ehren der britischen Königin von Rabat in Victoria umgetauft, ist ein anheimelndes Örtchen mit vielen kleinen Plätzen, engen, noch sehr ursprünglichen Gassen, großen Klöstern, zahlreichen Kirchen und Kapellen sowie einem allmorgendlichen Markt unter freiem Himmel.

Die Hauptachse Victorias bildet die breite, von West nach Ost sanft ansteigende Triq Repubblika. Kommt man aus Richtung des Fährhafens Mgarr, liegen an ihr zunächst die *Rundle Gardens*, 1912 vom gleichnamigen britischen Gouverneur angelegt und noch immer Gozos einziger Park.

Bevor die Straße den Marktplatz It-Tokk erreicht, passiert sie noch die beiden Opernhäuser der Insel, *Aurora* und *Astra.* Sie gehören den beiden miteinander konkurrierenden Philharmonischen Gesellschaften der Stadt und wurden allein durch Spenden und Eigenleistungen der Mitglieder finanziert. Sie bieten zusammen 2400 Zuschauern Platz und sind damit größer als jedes andere Theater im Inselstaat. Allerdings finden hier Gastspiele großer Opernensembles oder Orchester nur noch selten statt,

Insider Tipp

Terrassenanbau mit Blick auf den Hafen von Mgarr

denn heute werden sie als Kinos benutzt – sicherlich mit die außergewöhnlichsten Kinos in Europa.

Auf dem Marktplatz It-Tokk werden an jedem Werktagmorgen Souvenirs und Gebrauchsgegenstände verkauft; am Sonntag erstreckt sich der Markt bis zum benachbarten Pjazza Savina. Südlich dieser beiden Plätze liegen die interessantesten Einkaufsgassen.

★ ↯ Nördlich des Marktplatzes erhebt sich der Burgberg mit der *Zitadelle*, in deren Mauern nur noch wenige Menschen leben. Ein Rundgang über die Burgmauern erlaubt grandiose Ausblicke über die Insel; im Innern der Zitadelle ist neben mehreren Museen auch die *Kathedrale* sehenswert. Der Bau aus der Zeit um 1700 beeindruckt durch Schlichtheit und Ausgewogenheit. Höchst gelungen ist das perspektivische Kuppelgemälde, das täuschend echt eine mächtige Kuppel simuliert, wo in Wahrheit die Decke doch nur flach ist.

Am westlichen Ortsrand von Victoria fällt entlang der Straße zum Dwejra Lake ein *Aquädukt* auf, über das Victoria seit der Mitte des 19. Jhs. mit Wasser versorgt wurde. Am südlichen Ortsrand passiert die Straße nach Xlendi im Ortsteil Fontana ein in natürlichen Höhlen eingerichtetes *Waschhaus*, das der deutsche Ordensritter Wolfgang Philipp Guttenberg um 1700 den Insulanern schenkte.

Xaghra   [115 D3]

Xaghra ist eins der größten und lebhaftesten Dörfer der Insel. Hauptsehenswürdigkeit ist die 1725 erbaute, sehr ansprechend als Museum hergerichtete Windmühle *Ta' Kola (Standardöffnungszeiten)*, die zwischen dem Tempel von Ggantija und dem Dorfplatz liegt. Am Dorfplatz selbst laden Bars mit Namen aus der Kolonialzeit wie *Silver Jubilee* und *Diamond Jubilee* zum Beobachten des dörflichen Treibens ein.

Unter zwei Privathäusern sind Ende des 19. Jhs. kleine Tropfsteinhöhlen entdeckt worden, die man besichtigen kann: *Ninu's Cave (January Street 18)* und *Xerri's Grotto (Xerri Grotto's Street 31)*. Den Weg zu den beiden Tropfsteinhöhlen finden Sie über eine Beschilderung vom Dorfplatz ausgehend.

Xewkija   [114–115 C–D4]

Die Bewohner dieses stillen Dorfes sind stolz auf ihre selbst finanzierte, erst 1978 geweihte Kirche. Mit 75 m Höhe soll sie die dritthöchste Kuppel Europas besitzen, mit Sicherheit aber die höchste des maltesischen Staates. Das kleine Gozo konnte hier einmal das große Malta und dessen stolze Rotunde von Mosta übertreffen.

Xlendi   [114 B4]

🏃 Gozos Küsten sind durch viele kleine Fjorde gekennzeichnet. Am inneren Ende der Xlendi Bay liegt der zweite Badeort der Insel, Xlendi. Der Strand ist winzig; zum Sonnen begibt man sich besser auf die wohlpräparierten Uferfelsen. Für Häuser ist nur wenig Platz, alles ist hier eng aneinander gedrängt. Gerade das aber schafft eine unverwechselbare Atmosphäre. Nachdem man eine Abend lang an der nur 100 m langen Uferpromenade gesessen hat, kennt man jeden, der in Xlendi Urlaub macht. Zu sehen gibt es hier nichts, doch Atmosphäre ist alles.

Archaeological Museum

In der *Casa Bondi*, einem restaurierten Palast aus dem 16. Jh., werden auf zwei Etagen Funde aus Gozo ausgestellt. Neben Keramik aus vielen Jahrhunderten fallen zwei Steinplatten besonders auf. Die im Erdgeschoss trägt auf der Schmalseite das Relief einer Schlange und stammt aus den Tempeln von Ggantija; die im Obergeschoss hat eine arabische Grabinschrift in kufischer Schrift aus dem 12. Jh. *Standardöffnungszeiten, Zitadelle, Victoria*

Armoury

In einer 1776 erbauten Waffenkammer der Ordensritter werden Kriegswerkzeuge und Rüstungen gezeigt. *Standardöffnungszeiten, Zitadelle, Victoria*

Cathedral Museum

In der Sakristei der Kathedrale werden liturgische Geräte und Gewänder sowie wertvolle Weihgaben und auch Dokumente zur Geschichte der Diözese gezeigt. *Mo bis Sa 11–16.30 Uhr, Eintritt 15 c, Zitadelle, Victoria*

Folklore Museum

Ein sehr schönes Museum auf Gozo ist in zwei restaurierten Wohnhäusern im sizilianisch-normannischen Stil aus dem 14. Jh. untergebracht. Türbögen und Fenster weisen feine Steinmetzarbeiten auf. Zu sehen sind Landwirtschafts-, Fischerei- und Haushaltsgeräte aus den letzten Jahrhunderten sowie Trachten, Spitzenklöppeleien, Webdecken und silberne Votivtäfelchen. Auch ein Weinkeller ist zu besichtigen, und eine einst von Eseln betriebene Kornmühle wurden hier wieder aufgebaut. *Standardöffnungszeiten, Zitadelle, Victoria*

Gozo Heritage

Mithilfe von lebensgroßen Puppen werden in diesem privaten Museum Szenen aus der Geschichte Gozos nachgestellt. Licht- und Toneffekte sowie Erklärungen vom Band in mehreren Sprachen sollen stimmungsvoll Geschichtskenntnisse vermitteln. Der Rundgang endet in einem Souvenirgeschäft mit Bar. *Mo–Sa 8.30–16.45 Uhr, Eintritt 1,75 Lm, Ghajnsielem, an der Hauptstraße zwischen Mgarr und Victoria*

Natural Science Museum

In fünf Sälen werden neben Tieren und Pflanzen aus aller Welt auch Sammlungen zu Flora, Fauna und Geologie der Maltesischen Inseln gezeigt. *Standardöffnungszeiten, Zitadelle, Victoria*

Dragon

Ein chinesisches Restaurant im Hotel Calypso. *Tgl. 12–15 und 18.30–22 Uhr, am Hafen von Marsalforn, Tel. 21 55 61 31, €€*

La Laguna

Restaurant mit vielen Fischgerichten ganz in der Nähe des Hafens. *Tgl. 12–15 und 18–23 Uhr, St. Andrew Street 14, Xlendi, Tel. 21 55 63 23, €*

Oleander

Insider Tipp

Familiäres Restaurant mit deftiger Küche. *Di–So 11.30–15 und 18.30 bis 22 Uhr, Dorfplatz von Xaghra, Tel. 21 55 72 30, €*

Ta' Frenc
Stimmungsvolles, gepflegtes Restaurant mit exzellenter Küche in einem restaurierten Gutshof aus dem 14. Jh. *April–Dez. tgl. 12–14 und 19–22.30 Uhr. An der Straße zwischen Victoria und Marsalforn, Tel. 21 55 38 88, €€€*

Tal Barraka
Kleines, recht stimmungsvolles Abendrestaurant mit Plätzen im Freien am Fischerhafen. Reservierungen nimmt man tagsüber in der oberhalb gelegenen *Gleneagles Bar* vor. *Mai–Okt. tgl. ab 18 Uhr, Mgarr, Tel. 21 55 65 43, €€*

EINKAUFEN

Fontana Cottage Industry
Souvenirgeschäft, in dem vor allem Web-, Strick- und Klöppelarbeiten verkauft werden. Die Technik des Webens und Klöppelns wird hier auch demonstriert. *Xlendi Road, Victoria (gegenüber vom Waschhaus im Ortsteil Fontana)*

Gozo Crafts Centre
Läden mit guter Auswahl an gozitanischen Handarbeitsprodukten. *Zitadelle, Victoria*

Ta' Dbiegi
In den kleinen Gebäuden einer alten Kaserne werden Produkte aus Leder und Wolle, Spitzen und Filigranschmuck hergestellt und verkauft. *San Lawrenz, an der Straße zum Dwejra Lake*

ÜBERNACHTEN

Auf Gozo beliebte Unterkünfte sind zu Ferienhäusern ausgebaute, historische Bauernhäuser. Meist von Reiseveranstaltern angeboten können sie aber auch auf Gozo direkt gebucht werden. In Xlendi wohnt man fast ausschließlich in Apartments, in Marsalforn gibt es Hotels.

Andar
Modernes Hotel mit Pool und guter Aussicht. *35 Zi., Munxar, Tel. 21 56 07 36, Fax 21 56 07 37, www.digigate.net/andar/, €€*

Atlantis
Familiäres Hotel mit Pool in einem Neubauviertel, sehr ruhig gelegen. *46 Zi., Triq Il-Qolla, Marsalforn, Tel. 21 55 46 85, Fax 21 55 56 61, www.digigate.net/atlantis, €€*

St. Joseph
Einfache Privatpension mit 5 Zimmern, *Conzeption Street, Quala, Tel. 21 55 65 73, €*

Ta' Cenc
Bungalowhotel unter italienischer Leitung auf dem höchsten Punkt der Insel mit Pool und schönem Garten; Busservice zur Badebucht (Felsküste). Erstklassiger Service, mehr Angestellte als Gästebetten. *82 Zi., Sannat, Tel. 21 55 68 30, Fax 21 55 81 99, €€€*

STRÄNDE

Ghasri Valley   [114 B2]
Insi Tip

3,5 km westlich von Marsalforn gelegener, von niedrigen Felsen gesäumter Fjord, an dessen innerem Ende man gut ins Wasser gelangt. Sehr ruhig und etwas einsam.

Hondoq Bay   [115 F4]
Etwa 15 m langer Sand-Kies-Strand. *2 km unterhalb des Dorfes Qala*

Mgarr Ix-Xini [115 D5]
2 km lange, schmale Felsbucht mit dem Strandbad des Hotels *Ta' Cenc* und Liegeflächen auf Beton. *2,5 km unterhalb des Dorfes Sannat*

Ramla Bay [115 D–E2]
⭐ Langer, breiter rötlicher Sandstrand an der Nordküste. *Im Sommer Busverbindung mit Victoria*

San Blas [115 E3]
Winziger, einsam gelegener Sand-Kies-Strand. *2 km unterhalb von Nadur*

Xwejni Bay [114 C1–2]
Felsbucht. *Etwa 1,5 km westlich von Marsalforn*

SPORT

Zahlreiche Wassersportarten, darunter auch Tauchen und Surfen, werden in *Marsalforn* und *Xlendi* angeboten. Tennisplätze gibt es in *Marsalforn* und *Victoria*. Ein Reitstall liegt an der Straße zwischen *Victoria* und *Marsalforn;* außerdem gibt es eine Trabrennbahn.

AM ABEND

Cocktails & Dreams
🏃 Bar im Obergeschoss des Restaurants *Il-Kartell*. Billard. *Fr–So ab 20 Uhr, Marsalforn*

La Grotta
🏃 Die große Diskothek lockt ihre Gäste mit zwei Tanzflächen, eine in einer Grotte und eine im Freien. *Tgl. ab 21 Uhr, im Winter geschl.; 1 km oberhalb von Xlendi an der Straße nach Victoria*

AUSKUNFT

Malta Tourism Authority
Hafen, Mgarr, Tel. 21 55 33 43 Independence Square, Victoria, Tel. 21 55 81 06

Die Ramla Bay hat den schönsten Sandstrand der Insel

Malta und Gozo kreuz und quer

Die Touren sind in der Karte auf dem hinteren Umschlag und im Reiseatlas ab Seite 114 grün markiert

1 SPAZIERGANG DURCH VALLETTA

Die Inselhauptstadt besucht man am besten mit dem Linienbus, denn Parkplätze sind knapp und teuer. Den Autos von Parksündern wird erbarmungslos die Kralle angelegt, die wieder lösen zu lassen viel Geld kostet. Da die Geschäfte und viele Museen schon am frühen Nachmittag schließen, lohnt es sich, früh aufzustehen, wenn man viel sehen möchte. Gesamtlänge des Rundgangs: ca. 3,5 km. Dauer ohne Innenbesichtigungen und Kaffeepausen bzw. Mittagessen: ca. 90 Minuten. Mit Pausen und Besichtigungen kann daraus leicht ein ganzer Tag werden.

Die Linienbusse, die Valletta von allen Inselorten aus ansteuern, halten am großen Platz vor dem *City Gate (S. 30)*. Hier herrscht buntes Treiben: Pausierende Busfahrer stehen schwatzend zusammen, Passanten gönnen sich einen

Trotz Verstädterung gibt es auf Malta noch ländliche Flecken des Obst- und Gemüseanbaus

Imbiss, Musikverkäufer spielen ihre Kassetten ab, Taxifahrer warten auf Kundschaft, und Losverkäufer machen Hoffnung auf das große Glück. Hat man das City Gate durchschritten, steht man sogleich am Anfang der *Republic Street*. Wer sich über aktuelle Veranstaltungen informieren möchte, wendet sich sofort nach rechts und schaut ins Büro der *Tourist Information* hinein.

Zunächst sollte man sich von der Atmosphäre der oft fahnengeschmückten Republic Street einfangen lassen. Einige wenige Läden haben noch schöne alte, farbige Holzfassaden, die meisten aber geben sich ganz modern. Auffällige Werbung ist wegen des historischen Stadtbildes verboten, sodass selbst der berühmteste Hamburgerverkäufer der Welt erst zu erkennen ist, wenn man dicht davorsteht. Lohnend ist ein kurzer Gang hinein in die Häuser der Philharmonischen Gesellschaften, *La Valette (Republic Street 297)* und *The King's Own (Republic Street 275)*, deren geräumige Bars im Erdgeschoss ein typischer Treffpunkt maltesischer Männer sind. Zwischen beiden Gebäuden erhebt sich

Insider Tipp

auch das *National Museum of Archeology (S. 38)*, das auf jeden Fall einen Besuch wert ist.

Geht man nach Verlassen des Museums ein paar Schritte auf der Republic Street weiter und wendet sich dann nach rechts, steht man sogleich vor *St. John's Co-Cathedral (S. 34)*, der schönsten und bedeutendsten Kirche der Stadt. Auf der Republic Street gelangt man kurz darauf zum Great Siege Square mit der eindrucksvollen Säulenvorhalle der *Law Courts (S. 33)* und dann zum Republic Square mit seinen Straßencafés. Ins Café *Cordina (S. 41)* sollte man seiner Innengestaltung wegen auf jeden Fall einmal hineinschauen. Draußen sitzt man in allen Cafés jedoch gleich gut.

Nach einer Rast geht es weiter zum Palace Square, der leider mit den Autos von Parlamentariern voll geparkt ist: Der am Platz stehende *Grand Master's Palace (S. 31)* beherbergt heute auch das maltesische Parlament. Geht man die Republic Street nun ganz hinunter bis zur North Street, kommt man an einigen empfehlenswerten Juweliergeschäften vorbei, die vor allem maltesische Silberfiligranarbeiten anbieten. Durch die North Street erreicht man später die *Sacra Infermeria (S. 34)* mit der eindrucksvollen Ausstellung *The Knights Hospitallers* und der sehenswertesten der vielen maltesischen Multivisionsschauen, der *Malta Experience (S. 38)*.

Folgt man nun der Uferstraße am Grand Harbour entlang, ist man schnell in den *Lower Barracca Gardens (S. 33)*, die zu einer erneuten Rast einladen. Dann geht es weiter durch die East Street und schließlich die Stufen der St. John's Street empor bis zur *Merchants Street*. Hier findet an jedem Werktagmorgen ein Straßenmarkt statt; außerdem gibt es hier mehrere preiswerte Restaurants fürs Mittagessen.

Schlendert man anschließend die Merchants Street aufwärts bis zu ihrem Ende, kommt man zur *Auberge de Castille (S. 30)*. Ein kurzer Abstecher von dort führt zu den *Upper Barracca Gardens (S. 47)*, die einen besonders schönen Blick auf den Grand Harbour bieten. Folgt man der South Street in die entgegengesetzte Richtung, gelangt man am *National Museum of Fine Arts (S. 37)* vorbei zum Anleger der *Sliema Ferry*, mit der man nach Sliema übersetzen kann. Dabei lohnt sich auch ein Blick zurück auf die hohen Stadtmauern Vallettas, die vom Wasser aus ihre wehrhafteste Seite zeigen.

2 NATUR UND KULTUR IN MALTAS SÜDEN

Der maltesische Süden zeichnet sich durch schöne Küstenorte, steinzeitliche Tempel und mehrere Natursehenswürdigkeiten aus. Auch zum Baden besteht Gelegenheit. Am besten unternimmt man die Rundfahrt an einem Sonntag, da man dann auch gleich den großen Markt in Marsaxlokk miterleben kann. Aber denken Sie daran: Sonntags sind nur wenige Tankstellen geöffnet und auch die nur bis 12 Uhr! Länge der Rundfahrt ab und bis St. Julian's: ca. 70 km, Dauer: ein Tag.

Das städtische Ballungsgebiet Maltas umfahren Sie am besten auf der in St. Julian's beginnenden Schnellstraße, indem Sie immer den Wegweisern zum Airport folgen. Dabei passieren Sie auch Maltas einzige Straßentunnel, in denen nur Ausländer das Licht anschalten – die Malteser fahren mit unbeleuchteten Autos hindurch. Am Kreisverkehr in *Marsa (S. 33)* achten Sie auf die Schilder nach *Paola* und *Zabbar (S. 49)*, das sie mit dem *Hompesch Gate* begrüßt.

In Zabbar wenden Sie sich dann nach rechts und fahren hinunter zum Küstenort *Marsaskala (S. 52)* mit der *St. Thomas Bay*. Von dieser Bucht aus geht es weiter nach *Zejtun (S. 57)* und nach *Marsaxlokk (S. 56)*, wo Sie sich sicherlich längere Zeit aufhalten werden. Marsaxlokk ist auch der ideale Ort fürs Mittagessen. An der weiten Bucht von Marsaxlokk entlang kommen Sie nun nach *Birzebugga (S. 53)* mit der nahen Höhle *Ghar Dalam (S. 54)*.

Nachdem Sie Birzebugga mit dem großen neuen Hafen von *Kalafrana* durchquert haben, wendet sich die Straße wieder landeinwärts. Einen Abstecher lohnt kurz darauf die Höhle *Ghar Hassan (S. 54)*. Sie liegt in einem Gebiet, in dem die Malteser im Winterhalbjahr besonders gern auf die eher als Vogelmord zu bezeichnende Vogeljagd gehen. Die Hauptstraße führt am Industriegebiet von *Hal Far* vorbei, das auf einem Flugfeld aus dem Zweiten Weltkrieg angelegt wurde. Nächste Ziele sind *Wied iz-Zurrieq (S. 57)*, der Ausgangspunkt für eine Bootsfahrt zur *Blue Grotto (S. 53)*, und die neolithischen Tempel *Hagar Qim (S. 55)* und *Mnajdra (S. 56)*. Die Landschaft hier ist ideal für ein Picknick. Einen letzten Abstecher von der Küstenstraße aus lohnt dann die Bucht von *Ghar Lapsi (S. 68)*, in der man auch baden kann. Über *Siggiewi* geht es zurück in die Urlaubsorte.

Höhle mit eindrucksvollem Ausblick. Ghar Hassan

3 ZU DEN SCHÖNSTEN BUCHTEN IN NORD UND WEST

Für diese Rundfahrt sollte man im Sommer auf jeden Fall das Badezeug mitnehmen, denn sie führt zu den schönsten Inselstränden. Außerdem lernt man auf dieser Tour auch den landwirtschaftlich am intensivsten genutzten Teil der Insel kennen, der im Winter und Frühjahr überraschend grün ist. Mdina und Rabat werden im Rahmen der hier vorgeschlagenen Rundfahrt nicht besucht, obwohl sie Ausgangspunkt der Tour sind: Dieser Doppelort hat so viel zu bieten, dass man ihn besser an einem anderen Tag – und dann viel preiswerter mit dem Linienbus – besucht. Länge der Rundfahrt ab und bis Rabat: ca. 80 km, Dauer: ein Tag.

In Rabat folgt man zunächst dem Wegweiser zu den *Buskett Gardens (S. 66)*. Am Parkplatz unterhalb des Parks kann man das Auto stehen lassen und die wenigen Meter zur *Clapham Junction (S. 68)* mit ihren rätselhaften Karrenspuren laufen. Anschließend fährt man geradeaus weiter und ist schon nach zwei Minuten am Steilufer der *Dingli Cliffs (S. 68)*, die man nun nach rechts bis hin zum Restaurant *Bobby Land* entlangfahren kann. Dort wird gewendet und kurz darauf nach links zum Dorf Dingli abgebogen. Durch Dingli geht es zurück nach Rabat.

Am Fuß des Steilhangs von Mdina entlang führt die Tour weiter und erreicht *Mgarr (S. 76)* mit seiner markanten Kirchenkuppel. Hier beginnt mit der *Gnejna Bay (S. 74)* der Reigen der maltesischen Strände. Am Weg von Mgarr zur *Golden Bay (S. 74)* liegen links unterhalb der Straße die *Roman Baths (S. 76)*, die einen Stopp lohnen.

Von der Golden Bay führt eine kleine, schmale Straße hinauf nach *Manikata*, die bei Mellieha wieder auf die Inselhauptstraße mündet. Unterwegs eröffnen sich immer wieder schöne Ausblicke in die fruchtbaren Täler der Insel. Kurz darauf zweigt eine Stichstraße nach links zum *Popeye Village (S. 76)* ab. Die Hauptstraße passiert nun den viel besuchten Sandstrand der *Mellieha Bay (S. 75)* und steigt dann kurvenreich auf die Marfa Ridge an. Oben zweigt eine kleine Straße nach rechts ab, über die man die verschiedenen kleinen Strände der Nordküste, wie die *Armier Bay (S. 74)*, erreichen kann. Schöner zum Baden ist freilich die *Paradise Bay (S. 76)* nahe dem Fährhafen *Cirkewwa*.

Nach dem Besuch der Strände kann man dann noch *Mellieha (S. 74)* einen Besuch abstatten, bevor man in seinen Urlaubsort oder nach Rabat zurückkehrt.

4 EIN TAG AUF DER INSEL GOZO

Einen Tagesausflug nach Gozo unternimmt man am besten mit dem Mietwagen. Will man nicht selbst am Steuer sitzen, sollte man eine organisierte Bustour dorthin buchen, denn mit Linienbussen kann man Gozo kaum an einem Tag kennen lernen. Gesamtlänge der Rundfahrt auf Gozo: ca. 45 km; hinzu kommt die Anfahrt zum Fährhafen Cirkewwa.

Den Tempel von Ggantija erbaute der Legende nach eine Gigantin

In Mgarr angekommen, geht es zunächst die Straße hinauf in Richtung Victoria. Sie kommen an der nicht sonderlich aufregenden Multivisionsschau *Gozo Heritage (S. 85)* vorbei und erreichen den Rand des Dorfes *Xewkija (S. 84)* mit seiner gewaltigen Kirchenkuppel. Hier zweigt nach rechts eine kleinere Straße in Richtung *Xaghra (S. 84)* ab. Nach Durchquerung der Ebene klettert sie einen der für Gozo typischen, niedrigen Tafelberge hinauf.

Gleich am unteren Ortsanfang steht der Tempel von *Ggantija (S. 81)*, den man sich auch dann anschauen sollte, wenn man schon Tempel auf Malta besichtigt hat. Anschließend geht es an der Windmühle vorbei auf den Dorfplatz mit seinen sehr urigen Bars, wo man auf jeden Fall einen Kaffee trinken sollte. Gleich neben der Dorfkirche weist ein Wegweiser zur *Calypso's Bay (S. 80)* hoch über der sandigen *Ramla Bay (S. 87)*. Von hier kehrt man nicht ins Zentrum von Xaghra zurück, sondern fährt weiter nach *Marsalforn (S. 82)* an der Nordküste.

Nächstes Ziel ist dann die Inselhauptstadt *Victoria (S. 83)*, wo man seinen Wagen auf dem zentrumsnahen Großparkplatz neben dem Busbahnhof abstellen sollte. Nach der ausgiebigen Besichtigung der Zitadelle geht es nach *Xlendi (S. 84)* an der Südküste. Dort können Sie direkt am Ufer zu Mittag essen und im Sommer auch ein Bad nehmen.

Über Victoria führt die Tour weiter gen Westen. Lohnend ist ein kurzer Abstecher zur Wallfahrtskirche *Ta' Pinu (S. 82)*, bevor man den *Dwejra Lake (S. 80)* ansteuert. Von dort ließe sich entweder auf dem kürzesten Weg zum Fährhafen Mgarr zurückkehren oder noch einen Schlenker durch die sehr ländlich gebliebenen Dörfer *Nadur* und *Qala (S. 82)* unternehmen.

Adrenalinstösse und Outdoor-Aktivitäten

Die besten Plätze für Ihren Lieblingssport und dazu die wichtigsten Adressen und Websites

Lange Zeit war Malta nur ein beliebtes Kurzreiseziel für Kulturinteressierte und Überwinterungsort für britische Rentner, Dorado für begeisterte Taucher oder bestenfalls noch sonniger Standort für Englisch-Ferienkurse. Jetzt ist die Insel auf dem Weg zum Trendziel für den Aktivurlaub.

ABSEILING & ROCKCLIMBING

Auf Malta gibt es zwar keine alpinen Gipfel, dafür aber grandiose Steilküsten für Abseilübungen und Bergsteigertraining. Mutige Urlauber können das außergewöhnliche Erlebnis genießen, wenn sie mindestens zu zweit sind. *Halbtagesprogramm je nach Personenzahl 10–20 Lm, Portomasa Marina, St. Julian's, Tel. 21 38 29 95, www. maltasailing.com*

BOWLING

20 computergesteuerte Bowlingbahnen findet man im *Eden Leisaure's Superbowl.* Hier werden alle nationalen Liga-Wettkämpfe ausgetragen,

Selbst Golfspielen ist auf Malta möglich

auch internationale Turniere finden statt. *St. Augustine Road, Paceville, Tel. 21 38 73 98, Fax 21 37 88 19, www.edenleisure.com*

GOLF

Der einzige Golfplatz der Insel (5024 m, Par 68) liegt auf dem Gelände des Marsa Sportclub. Außer donnerstag- und samstagvormittags sind Gäste immer willkommen. *Royal Malta Golf Club, Aldo Moro Street, Marsa, Tel. 21 23 06 64, Fax 21 23 18 09, info@maltagolf.org*

KUTSCHFAHRTEN

Pferdekutschen stehen am Great Siege Square in Valletta und vor dem Haupttor von Mdina. Der Preis für eine Rundfahrt ist Verhandlungssache. Als Orientierungshilfe kann der offizielle Preis von 3 Lm für die erste halbe Stunde und 75 c für jede weitere halbe Stunde dienen.

MARATHONLÄUFE

Schon seit 1986 findet auf Malta alljährlich Mitte oder Ende Februar ein internationaler Marathon (und ein Halbmarathon) statt, an dem jeder teilnehmen kann. Start ist in Mdina,

Ziel in Sliema. Anmeldeformulare versendet das *Fremdenverkehrsamt* oder *Flora Malta Marathon, P.O. Box 9, Hamrun, www.maltamarathon. com.mt.* Ein weiterer internationaler Marathonlauf findet im Mai in Paola statt.

MOUNTAINBIKING

Angesichts des starken Autoverkehrs und der oft schlaglochreichen Nebenstraßen ist Fahrrad fahren auf Malta kein großes Vergnügen. Wer es trotzdem wagen will, wendet sich in *St. Paul's Bay* an das *Skooniar Bicycle Centre, Pioneer Road, Tel. 094/705 42, skooniar@hotmail.com*
Vermieter auf Gozo: *On Two Wheels, Marina Street 67, Marsalforn, Tel. und Fax 21 56 15 03, on2wheels@gozo.com*

REITEN

Gelegenheit zu ein- und mehrstündigen geführten Ausritten bietet der *Reitstall Hal Ferth, Golden Bay, Tel. 21 57 33 60*

RUNDFLÜGE

Malta aus der Vogelperspektive zu erleben, ist ein unvergessliches Erlebnis. 28-sitzige Hubschrauber russischer Bauart vom Typ Mi-8 machen es möglich. Sie starten zwischen März und Oktober mehrmals täglich zu 20- und 40-minütigen Rundflügen. *20 Min. 28,95 Lm, 40 Min. 36,95 Lm, Kinder bis 11 Jahre 20,90 bzw. 29,30 Lm, Tickets in Reisebüros oder bei Captain Morgan Cruises, Dolphin Court, Tigné Seafront, Sliema, Tel. 21 34 33 73, www.captainmorgan.com.mt*

SEGELN

2- und 5-tägige Kurse im Dinghie- und Keelboat-Segeln für Erwachsene und Kinder ab 6 Jahren bietet *Malta Sailing, Portomasa Marina, St. Julian's, Tel. 21 38 29 95, Fax 21 38 69 39, www.malta-sailing.com*

TAUCHEN

Malta ist ein Mekka für Taucher aus ganz Europa. 33 Tauchsportzentren und -schulen bieten ihre Dienste für Anfänger und Fortgeschrittene an. Das Mindestalter für Tauchschüler beträgt 14 Jahre; ein ärztliches Tauglichkeitsattest (auf Englisch) muss mitgebracht oder auf Malta eingeholt werden. Eine Dekompressionskammer gibt es im St. Luke's Hospital in Guardamangia bei Valletta.

Tauchschulen auf Malta (Auswahl): *Buddies Dive Cove, Combini Street 10, Zurrieq, Tel. und Fax 21 52 53 72, www.buddies.com.mt; Divewise Services, Dragonara Complex, St. Julian's, Tel. 21 33 64 41, Fax 21 31 07 08, www.digigate. net/divewise; Octopus Garden, im New Dolmen Hotel, Qawra, Tel. 21 58 25 86, Fax 21 58 15 32, www.octopus-garden.com; Paradise Diving School, im Paradise Bay Hotel, Cirkewwa, Tel. 21 57 41 14, Fax 21 31 51 69, www.paradise-bay. com/diving; Sport Diving, im Hotel Jerma Palace, Marsaskala, Tel. 21 63 92 92, Fax 21 66 26 47, www.digigate.net/sport-diving*

Tauchschulen auf Gozo (Auswahl): *Calypso Diving Centre, Marsalforn (am Hotel Calypso), Tel. 21 56 20 00, Fax 21 56 20 20, caldive@digigate.net; Frankie's Gozo Diving Centre, Mgarr Road, Xewkija, Tel. 21 55 13 15, Fax*

21 56 03 56, www. digigate.net/ frankie; Moby Dives, Xlendi Bay, Tel. 21 55 16 16, Fax 21 55 46 06, moby@digigate.net

TENNIS & SQUASH

Viele große Hotels verfügen über eigene Tennisplätze. Zusätzlich gibt es im *Marsa Sports and Country Club* 19 Tennisplätze, 5 Squash Courts, einen großen Pool, Fitness-Center, Billardtische und Tischtennisplatten. *Aldo Moro Street, Marsa, Tel. 21 23 38 51, Fax 21 23 18 09, marsport@maltanet.net*

WANDERN

Für Wanderferien ist Gozo sehr viel besser geeignet als Malta. Markierte Wanderwege fehlen jedoch auf beiden Inseln, Wanderkarten gibt es nicht. Gerade auf Malta wird man immer wieder auf Asphaltstraßen gehen müssen, wenn man sich nicht auskennt.

WINDSURFEN & WEITERE WASSERSPORTARTEN

Möglichkeiten zum Windsurfen, Paragliding, Wasserskifahren sowie zum Kanu- und Tretbootfahren bieten Wassersportzentren an vielen Stränden wie die *Yellow Fun Water Sports Services (Zentrale: Cannon Road 392, St. Venera, Tel. 21 49 88 29, Fax 21 44 75 08, Wassersportstationen am New Dolmen Hotel in Qawra und im Hilton Hotel in Paceville/St. Julian's)* oder *Sun 'n' Fun (Corinthia Marina Hotel, St. George's Bay, St. Julian's, Tel. 21 37 90 19 40, Fax 21 38 29 15).*

YACHTCHARTER

Nach rechtzeitiger Voranmeldung können Yachtcharter mit und ohne Skipper arrangiert werden. *Malta Sailing & Adventure, Portomasa Marina, St. Julian's, Tel. 21 38 29 95 oder Mobiltel. 09 42/35 66, Fax 21 38 69 39, www.maltasailing.com*

Zum Tauchen in glasklarem Wasser bietet Malta viele Möglichkeiten

Phantasie und Wirklichkeit

Auf Malta können Kinder sehen, wie Spielzeug und Filme entstehen

Malta ist ein kinderfreundliches Reiseland. Man übt ihnen gegenüber südländische Toleranz. Und man weiß, was man seinen Gästen schuldig ist und hält überall Babystühle und spezielle Kindermenüs bereit.

REGION VALLETTA

Rinella Movie Park   [123 E2]
In den Rinella Studios sind schon viele internationale Filme gedreht worden. Ihrer riesigen Wasserbecken wegen sind sie besonders gefragt für Streifen, in denen Seeschlachten oder Schiffsuntergänge gedreht werden. Beim Besuch des Rinella Movie Parks kann man eine geführte Studiotour im Minizug mit dem Besuch verschiedener Kindershows und dem Besuch origineller Restaurants kombinieren, in denen Kinder besonders willkommen sind. *Fort St. Rocco bei Santa Rokku, Mi–So 10–18 Uhr, Eintritt 4 Lm, Kinder (2–12 Jahre) 2 Lm*

Spaßbad Splash & Fun in Bahar Ic-Cag-haq   [118 A2]
Nicht originell, nicht gerade billig, aber für Malta etwas Besonderes:

Hauptsache, die Kids haben Spaß

die 4 Riesenrutschen, über die man in einen Pool gleitet. *Ostern–Okt. (wetterabhängig) tgl. 9.30–17 Uhr, Eintritt 4,25 Lm, Kinder (3–12 Jahre) 3,25 Lm, White Rocks, Bahar Ic-Cag-haq, Tel. 21 37 42 83*

Mediterraneo Marine Park in Bahar Ic-Caqhaq   [118 A2]
Dressierte Seelöwen und Delphine führen ihre Kunststückchen vor, in Aquarien sind auch andere Fische zu bewundern. *Shows Ende März bis Okt. tgl. 10.30 und 15.30 Uhr, Eintritt 3,80 Lm, Kinder (3–12 Jahre) 2,20 Lm, White Rocks (neben dem Spaßbad), Tel. 21 37 22 18*

MALTAS SÜDOSTEN

Playmobil Fun Park   [123 D4]   *Insider Tipp*
All die Playmobil-Figuren, die sich in den Kinderzimmern rund um den Globus befinden, erblicken auf Malta das Licht der Welt. Im Fun Park können Kinder mit ihnen spielen, so lange sie wollen, und nach Voranmeldung auch die Herstellung miterleben. *Okt.–Juni: Mo–Fr 9–18, Sa/So 15–18 Uhr; Juli–Sept.: Mo–Fr 9–18, Sa 18–21 Uhr, Eintritt frei, Bulebal Industrial Estate, Zejtun, Tel. 21 69 90 04 45, www.playmobilmalta.com, Bus 29*

Angesagt!

Was Sie wissen sollten über Trends, die Szene und Kuriositäten auf den Maltesischen Inseln

Saturday Night Fever

An jedem Samstagabend versammeln sich Maltas Teens und junge Twens in Paceville – das Erzkonservative schon als *Sin City,* als eine Stadt der Sünde – bezeichnen. Im Winter kommen 15 000, im Sommer inklusive Ausländer bis zu 40 000 junge Leute zusammen. Wer nicht da ist, ist ein Querdenker oder hat Stubenarrest. Pubs und Diskotheken quellen über, die Straßen fassen kaum die Jugendmengen. Viele bringen ihre Drinks aus dem Supermarkt mit – da sind sie billiger. Für große Sünden ist in solchem Gewimmel kein Platz. Die Polizei setzt am Samstagabend zwar ein Dutzend zusätzliche Polizisten in Paceville ein, doch die haben wenig zu tun.

Sie schlichten Streit und setzen stark alkoholisierte Teens ins Taxi nach Hause. Nur wenn Drogen im Spiel sind, greifen sie knallhart durch.

Kontrollierter Playboy

Die politische Meinung ist auf Malta zwar frei, doch die Zeitschrift »Playboy« darf auf den Inseln erst seit Dezember 2000 verkauft werden – aber nur unter Vorbehalt. Die ersten Exemplare bekommt der Zensor. Hält der den Inhalt für pornographisch, kann er die Auslieferung ans Publikum verbieten.

Geliebtes Glatteis

Seit September 2001 ist Maltas Jugend verrückt nach Eis. Mit der »Eden Ice Arena« in Paceville hat die Insel jetzt endlich ihre erste Eislaufbahn. Man ist bereits dabei, eine Eishockeymannschaft zu gründen. Und natürlich geht das Vergnügen nicht ohne Diskomusik ab: freitags und samstags sogar bis Mitternacht.

Big Brother auf Malta

Im Jahr 2001 hat die »Big Brother-Manie« auch Malta erreicht. »Mhux Grande Fratello« hieß die Sendung auf unverkennbar maltesische Art. Aus Schlaf- und Badezimmern waren Kameras verbannt, die 13 Teilnehmer mussten nur 10 Tage lang zusammen hausen. Mehr wollte man ihnen nicht zumuten. Und auch der für viele eigentliche Clou der Sendung fehlte auf Malta: Niemand wurde in den 10 Tagen abgewählt und nach Hause geschickt. Malteser sind eben besonders nette Leute.

Von Anreise bis Zoll

Hier finden Sie kurz gefasst die wichtigsten Adressen und Informationen für Ihre Maltareise

ANREISE

Flugzeug

Malta ist ein Flugreiseziel, das vor allem durch Air Malta *(www. airmalta.com)* erschlossen wird. So ist Malta von zahlreichen Flughäfen in Deutschland, Österreich und der Schweiz aus gut zu erreichen. Die Flugzeit nach Malta beträgt ab Frankfurt 2 Std. 50 Min., ab Hamburg 3 Std. 5 Min., ab Wien 2 Std. 25 Min. und ab Zürich 2 Std. 35 Min. Häufig gibt es Flugtickets zu Sondertarifen, z.B. München–Malta hin und zurück schon ab 250 Euro.

Alle Linien- und Charterflüge kommen auf dem hochmodernen Luqa International Airport an. Von dort gibt es mindestens 12 Helikopterverbindungen pro Tag nach Gozo *(Flugpreis hin und zurück 25 Lm)*. Flughafenbusse verkehren auf Malta nicht; der Linienbus 8 verbindet den Flughafen zwischen 5.30 und 20 Uhr alle 30 Minuten mit dem zentralen Busbahnhof in Valletta *(Fahrpreis 15 c)*. Am Taxischalter in der Ankunftshalle kann man ein Taxi zum Festpreis buchen *(z.B. nach Valletta 6 Lm, nach Sliema 8 Lm, nach Buggiba 10 Lm, nach Cirkewwa 13 Lm)*.

Fähren

Schnelle Katamarane, die auch Autos bis zu einer Höhe von 2,10 m transportieren, verbinden Malta im Sommer täglich, sonst zweimal wöchentlich mit Pozzallo auf Sizilien. Zusätzlich verkehrt im Sommer ein Passagierkatamaran zwischen Catania und Malta. Auskunft erhalten Sie über: *Virtu Ferries, Princess Elizabeth Street 10, Ta' Xiex, Tel. 00356/ 21 31 88 54, Fax 21 34 52 21, www.virtuferries.com*

Auto

Die Autoanreise lohnt wegen der hohen Mautgebühren in Österreich, Schweiz und Italien kaum. So zahlt man z.B. für die Strecke von München bis Reggio di Callabria (1597 km) für einen Mittelklassewagen hin und zurück allein rund 125 Euro Maut. Ratsamer wäre es hingegen, auf Malta einen Mietwagen zu nehmen, denn diese sind sehr preiswert.

AUSKUNFT

Fremdenverkehrsamt Malta in Deutschland:

Schillerstraße 30–40, 60313 Frankfurt/Main, Tel. 069/28 58 90, Fax 28 54 79, www.urlaubmalta.de

in Österreich:

Opernring 1/R/5, 1010 Wien, Tel. 01/585 37 70, Fax 01/585 37 71, wien@urlaubmalta.com

in der Schweiz:

Sumatrastr. 25, 8023 Zürich, Tel. 01/3 50 39 83, Fax 01/3 50 39 84, switzerland@urlaubmalta.com

BANKEN

Die Landeswährung ist die Malta Lira (Lm). Sie ist unterteilt in 100 Cents (c). Alle Banken wechseln Geld und lösen Cheques ein. Allerdings haben sie unterschiedliche Öffnungszeiten. *Kernzeiten sind Mo–Fr 8.30–12.45 und Sa 8.30 bis 12 Uhr.*

Die Wechselbüros am Flughafen sind rund um die Uhr geöffnet. Vor vielen Banken findet man auch jederzeit zugängliche Wechselautomaten sowie Bargeldautomaten, an denen man mit Kredit- oder EC-Karte und Geheimzahl Bargeld abheben kann. Sie funktionieren aber häufig nicht. Viele Hotels, Reisebüros und Geschäfte wechseln ebenfalls Geld; der Kurs ist jedoch zum Teil erheblich schlechter als bei den Banken.

BUSSE

Etwa 500 Linienbusse verbinden Valletta mit allen Ortschaften. Von Sliema und St. Paul's Bay aus fahren zudem Busse zu den touristisch wichtigsten Orte der Insel. Sie verkehren werktags zwischen etwa 5.30 und 22 Uhr in dichten Abständen; sonntags ist die Frequenz niedriger. Freitags und samstags gibt es Nachtbuslinien zwischen St. Julian's und vielen Inselorten. Ein Verzeichnis der Buslinien gibt es kostenlos bei der *Touristinformation* am Flughafen und in Valletta oder im Internet unter *www.maltatransport.com*. Fahrkarten werden beim Fahrer gelöst.

Buspässe für 1, 3, 5 und 7 Tage kosten 1,50 Lm, 4 Lm, 4,50 Lm bzw. 5,50 Lm. Für Gozo gilt Gleiches; hier sind die Linien auf Victoria und den Hafen Mgarr ausgerichtet.

DIPLOMATISCHE VERTRETUNGEN

Deutsche Botschaft
Il-Pjazetta, Tower Road, Sliema, Tel. 21 33 65 31 und 21 33 65 20, Fax 21 33 39 76

Österreichischer Ehrenkonsul
J. R. Darmanin, Sir Adrian Dingli Street 53, Sliema, Tel. 21 34 34 44, Fax 21 32 01 62

Schweizer Ehrenkonsul
M. Lowell, Zachary Street 6/7, Valletta, Tel. 21 24 41 59, Fax 21 23 77 50

EINREISE

Für die Einreise genügt ein gültiger Personalausweis. Kinder unter 16 Jahren benötigen einen Kinderausweis mit Lichtbild oder müssen im Reisepass eines Elternteils eingetragen sein. Deviseneinfuhr ist frei. Für Maltesische Lira gilt bei Ein- und Ausreise ein Höchstbetrag von 1000 Lm.

Die Vorschriften für die Einfuhr von Haustieren sind so kompliziert, dass sie sich für Urlauber auf keinen Fall lohnt.

FÄHRVERKEHR

Zwischen Cirkewwa an der Nordküste Maltas und Mgarr auf Gozo verkehren Autofähren. Die Fahrzeit beträgt etwa 30 Min. *Im Sommer werden täglich 33 Überfahrten* rund um die Uhr angeboten, zwischen November und Mai nur ca. 22 Fahrten von 5.45 bis 23.30 Uhr. Bezahlt wird aus Rationalisierungsgründen erst bei der Rückfahrt ab Gozo. Hin- und Rückfahrt kosten für Erwachsene 1,75 Lm, für Kinder, Jugendliche und Senioren ab 65 Jahren 50 c und für Pkw inkl. Fahrer 5,75 Lm.

Ein bis zwei Fähren verkehren montags bis freitags zwischen Sa Maison auf Malta und Mgarr. Kleine Boote pendeln während der Saison den ganzen Tag über zwischen Mgarr, Comino und Cirkewwa. Zwischen Sliema und Valletta verkehren tagsüber Personenfähren.

FKK

FKK ist in Malta streng verboten. Oben ohne ist verpönt.

INTERNET

Auch auf Malta ist seit Ende der 1990-er Jahre das Internetfieber ausgebrochen. Immer mehr Hotels, Restaurants und Diskotheken haben ihre eigene Website, die Zahl der Internet-Cafés nimmt ständig zu. Hier die besten Web-Adressen zu Malta und Gozo.

Zwei Suchmaschinen als erstklassige Ausgangspunkte für die Suche nach allem, was Malta betrifft:

www.searchmalta.com
www.ex-ploremalta.com

Informationen rund um Gozo und ein Chat-Forum mit vielen gozitanischen Teilnehmern:

www.gozo.com

Die elektronische Ausgabe der englischsprachigen maltesischen Tageszeitung mit vielen sehr ausführlichen Lokalnachrichten:

www. timesofmolta.com

www.marcopolo.de

Das Reiseweb mit Insider-Tipps

Mit Informationen zu mehr als 4 000 Reisezielen ist MARCO POLO auch im Internet vertreten. Sie wollen nach Paris, in die Dominikanische Republik oder ins australische Outback? Per Mausklick erfahren Sie unter www.marcopolo.de das Wissenswerte über Ihr Reiseziel. Zusätzlich zu den Reiseführerinfos finden Sie online:

- täglich aktuelle Reisenews und interessante Reportagen
- regelmäßig Themenspecials und Gewinnspiele
- Miniguides zum Ausdrucken

Gestalten Sie MARCO POLO im Web mit: Verraten Sie uns Ihren persönlichen Insider-Tipp, und erfahren Sie, was andere Leser vor Ort erlebt haben. Und: Ihre Lieblingstipps können Sie in Ihrem MARCO POLO Notizbuch sammeln. Entdecken Sie die Welt mit www.marcopolo.de! Holen Sie sich die neuesten Informationen, und haben Sie noch mehr Spaß am Reisen!

€	Lm
1	0,39
2	0,77
3	1,16
4	1,54
5	1,93
10	3,86
20	7,72
50	19,30
100	38,60

Lm	€
1	2,59
2	5,18
3	7,77
4	10,36
5	12,95
7	18,13
10	25,90
20	51,80
50	129,50

VLT 07, Tel. 21 24 49 83, Fax 21 23 03 30, www.hostels.com/mt.html

Unterhaltsames und informatives Magazin über Land und Leute, jung und schwungvoll, auch mit Veranstaltungshinweisen für den jeweiligen Monat und vielen Links: *www.maltamag.com*

INTERNET-CAFÉS

Die meisten maltesischen Internet-Cafés sind relativ klein; oft kommt man hier schnell in Kontakt mit jüngeren Einheimischen und Touristen. Im Durchschnitt sind 0,50 Lm für 20 Minuten und 1,50 Lm für 2 Stunden zu zahlen. Eine Auswahl der besten:
Mosta: *Pjazza Café*, Rotunda Squa-re
Sliema: *Pebbles*, The Strand 88–89
St. Julian's: *Ghall Kafe*, St. George's Road 188
Valletta: *YMCA-Center*, Merchants Street 178
Rabat auf Gozo: *Arkadia Shopping Complex*, Fortunato Mizzi Street

JUGENDHERBERGEN

Es gibt auf Malta fünf gute Jugendherbergen. Sie stehen in Paceville, Paola, Senglea, Sliema sowie Ghajnsielem auf Gozo. Auskunft erteilt: *NSTS, St. Paul Street 220, Valletta*

LITERATUR

Werke maltesischer Autoren sind selten ins Deutsche übersetzt worden. Eins der bekanntesten ist *Nicholas Monsarrat*, Der Kaplan von Malta. Ein Roman, der während des Zweiten Weltkriegs spielt.

Doch auch nicht-maltesische Autoren lassen ihre Romane gern auf Malta spielen:
Ernle Bradford: Johanniter und Malteser. Für alle, die mehr über den Ritterorden wissen wollen. Spannend wie ein Roman erzählt ist die Geschichte der Ritter von den Anfängen bis zur Zeit Napoleons.
Jürgen Ebertowski: Maltagold. Ein Krimi mit viel Lokalkolo-rit, der auf Malta und vor allem auf Gozo spielt und die Ritterzeit mit dem Zweiten Weltkrieg und dem Leben von heute verwebt.
Lyn Hamilton: Die Malteser Göttin. Amerikanischer Roman, in dessen Mitte ein geheimnisvoller Göttinnenkult steht.
Helena Marques: Die Reise nach Malta. Ein portugiesischer Frauen- und Liebesroman.

MIETFAHRZEUGE

Zahlreiche Mietwagenunternehmen werben, dementsprechend niedrig sind die Tarife. Sie schließen immer eine unbegrenzte Zahl von Freikilometern ein. Der Mieter muss mindestens 21 Jahre alt sein. Der nationale Führerschein genügt. Ein Preisbeispiel: *Kleinwagen Typ Hyundai Atos ab ca. 12 Lm/Tag,*

26 Lm/3 Tage, 60 Lm/Woche. Der Abschluss einer Vollkaskoversicherung ist empfehlenswert. Um in den Genuss dieses Versicherungsschutzes zu kommen, muss bei jedem noch so kleinen Unfall die Polizei gerufen werden.

Auf Malta herrscht Linksverkehr. Vorfahrt hat theoretisch, wer von rechts kommt. Im Kreisverkehr haben, wenn nicht anders gekennzeichnet, die Fahrzeuge im Kreis Vorfahrt. Höchstgeschwindigkeit in geschlossenen Ortschaften: 50 km/h, auf Landstraßen: 80 km/h. Die Verkehrsdisziplin auf Malta ist gering.

NOTRUF & NOTARZT

Polizei: Tel. 191
Krankenwagen: Tel. 196
Feuerwehr: Tel. 199
Die ärztliche Versorgung auf Malta ist gut, ausländische Krankenscheine werden jedoch nicht akzeptiert. Es empfiehlt sich der Abschluss einer Reisekrankenversicherung.

Apotheken sind *Mo–Sa 8.30–13 und 16–19 Uhr* geöffnet. Über Notdienste informieren die Zeitungen.

POST

Post und Telefon sind in Malta zwei getrennte Institutionen. *Die Postämter sind ganzjährig Mo bis Sa 7.30–12.45 Uhr geöffnet.* Briefmarken sind beim Postkartenkauf auch in vielen Läden und Hotels erhältlich.

ÖFFNUNSZEITEN

Für alle Museen in Staatsbesitz und für sämtliche archäologischen Stätten gelten einheitliche Öffnungszeiten.

Auf Malta: *1. Okt.–15. Juni Mo–Sa 8.15–17, So 8.15–16.15 Uhr; 16. Juni–30. Sept. tgl. 7.45 bis 14 Uhr*
Auf Gozo: *1. Okt.–31. März Mo–Sa 8.30–16.30, So 8.30–15 Uhr; 1. April–30. Sept. Mo–Sa 8.30–17, So 8.30–15 Uhr*

An Feiertagen sind Museen und Ausgrabungen auf beiden Inseln geschlossen. Der Eintrittspreis beträgt generell 1 Lm; Personen unter 19 und über 65 Jahren genießen freien Eintritt. Zutritt jeweils bis 30 Min. vor Schließung.

Museen in Kirchen- oder Privatbesitz haben eigene Öffnungszeiten und Preise *(bei den jeweiligen Beschreibungen angegeben).*

STROM

240 V Wechselstrom; ein Zwischenstecker ist erforderlich.

Was kostet wie viel?

Taxi	**1,25 Euro**	pro Kilometer
Espresso	**75 Cent**	für eine Tasse Espresso
Wasser	**50 Cent**	für eine Flasche Mineralwasserasser
Wein	**ab 6 Euro**	für eine Flasche Wein im Restaurant
Benzin	**1,10 Euro**	pro Liter Super bleifrei
Briefmarke	**40 Cent**	für eine Postkarte ins europäische Ausland

TAXI

Auf ganz Malta verkehren nur etwa 200 Taxis. Es gibt wenige Standplätze und keine zentrale Rufnummer. Am besten vom Hotel oder Restaurant aus bestellen. Taxameter werden ungern eingeschaltet, daher Fahrpreis vorher aushandeln. Weiße Taxis sind teurer als schwarze.

TELEFON & HANDY

Die Telefongesellschaft *Maltacom plc* unterhält Telefonämter am Flughafen und in den größeren Orten. Hier und in vielen Geschäften sind Telefonkarten zu 2, 3 oder 5 Lm zu kaufen. Kartentelefone sind weit verbreitet, Münzfernsprecher weniger. Mobiltelefone kann man in allen Büros der *Telecell* tageweise mieten. Die Flächendeckung für Handys ist ausgezeichnet. Vorwahl für Gespräche nach Malta und Gozo: 003 56. Vorwahl von Malta nach *Deutschland: 00 49, nach Österreich: 00 43, in die Schweiz: 00 41* (dann Ortsvorwahl ohne 0).

TRINKGELD

In einigen Restaurants ist kein Bedienungsgeld im Rechnungsbetrag enthalten; hier gibt man rund 10 Prozent, sonst wie bei uns.

ZOLL

Bei Ein- und Ausreise in den deutschprachigen Raum sind zollfrei: 200 Zigaretten, 2 l Wein, 1 l Spirituosen über 22 oder 2 l Spirituosen unter 22 Prozent (für die Schweiz 15 Prozent) sowie 50 g Parfum oder 0,25 l Eau de Toilette.

Wetter in Malta

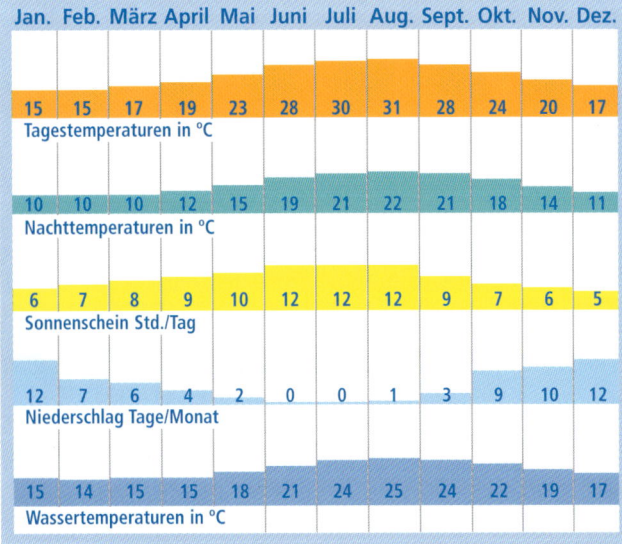

	Jan.	Feb.	März	April	Mai	Juni	Juli	Aug.	Sept.	Okt.	Nov.	Dez.
Tagestemperaturen in °C	15	15	17	19	23	28	30	31	28	24	20	17
Nachttemperaturen in °C	10	10	10	12	15	19	21	22	21	18	14	11
Sonnenschein Std./Tag	6	7	8	9	10	12	12	12	9	7	6	5
Niederschlag Tage/Monat	12	7	6	4	2	0	0	1	3	9	10	12
Wassertemperaturen in °C	15	14	15	15	18	21	24	25	24	22	19	17

Do you speak English?

»Sprichst du Englisch?«
Dieser Sprachführer hilft Ihnen, die wichtigsten Wörter und Sätze auf Englisch zu sagen

Zur Erleichterung der Aussprache sind alle englischen Wörter mit einer einfachen Aussprache (in eckigen Klammern) versehen. Folgende Zeichen sind Sonderzeichen:

ə   nur angedeutetes »e« wie in bitte
θ   [s] gesprochen mit der Zungenspitze zwischen den Zähnen

AUF EINEN BLICK

Ja./Nein.	Yes. [jäs]/No. [nəu]
Vielleicht.	Perhaps. [pə'häps]/Maybee. ['mäibih]
Bitte.	Please. [plihs]
Danke.	Thank you. ['θänkju]
Vielen Dank!	Thank you very much. ['θänkju 'wäri 'matsch]
Gern geschehen.	You're welcome. [joh 'wälkəm]
Entschuldigung!	I'm sorry! [aim 'sori]
Wie bitte?	Pardon? ['pahdn]
Ich verstehe Sie/dich nicht.	I don't understand. [ai dəunt andə'ständ]
Ich spreche nur wenig …	I only speak a bit of … [ai 'əunli spihk ə'bit əw …]
Können Sie mir bitte helfen?	Can you help me, please? ['kən ju 'hälp mi plihs]
Ich möchte …	I'd like … [aid'laik]
Das gefällt mir (nicht).	I (don't) like it. [ai (dəunt) laik_it]
Haben Sie …?	Have you got …? ['həw ju got]
Wie viel kostet es?	How much is it? ['hau'matsch is it]
Wie viel Uhr ist es?	What time is it? [wot 'taim is it]

KENNENLERNEN

Guten Morgen!	Good morning! [gud 'mohning]
Guten Tag!	Good afternoon! [gud ahftə'nuhn]
Guten Abend!	Good evening! [gud 'ihwning]
Hallo! Grüß dich!	Hello! [hə'ləu]/Hi! [hai]
Mein Name ist …	My name is … [mai näims …]
Wie ist Ihr/dein Name?	What's your name? [wots joh 'näim]

Wie geht es Ihnen/dir?	How are you? [hau 'ah ju]
Danke. Und Ihnen/dir?	Fine thanks. And you?
	['fain θänks, ənd 'ju]
Auf Wiedersehen!	Goodbye!/Bye-bye! [gud'bai/bai'bai]
Tschüss!	See you!/Bye! [sih ju/bai]
Bis morgen!	See you tomorrow! [sih ju tə'mərəu]

UNTERWEGS

Auskunft

links/rechts	left [läft]/right [rait]
geradeaus	straight on [sträit 'on]
nah/weit	near [niə]/far [fah]
Bitte, wo ist ...?	Excuse me, where's ..., please?
	[iks'kjuhs 'mih 'weəs ... plihs]
Bahnhof	station ['stäischn]
Bushaltestelle	bus stop [bas stəp]
Flughafen	airport ['eəpoht]
Wie weit ist das?	How far is it? ['hau 'fahr_is_it]
Ich möchte ... mieten.	I'd like to hire ... [aid'laik tə 'haiə]
... ein Auto ...	... a car. [ə 'kah]
... ein Fahrrad ...	...a bike. [ə 'baik]

Panne

Ich habe eine Panne.	My car's broken down.
	[mai 'kahs 'brəukn 'daun]
Würden Sie mir bitte	Would you send a breakdown
einen Abschleppwagen	truck, please? ['wud ju sänd ə bräikdaun
schicken?	trak plihs]
Gibt es hier in der Nähe	Is there a garage nearby?
eine Werkstatt?	['is θeə_ə 'gärahdsch 'niərbai]

Tankstelle

Wo ist die nächste Tankstelle?	Where's the nearest petrol station?
	['weəs θə 'niərist 'pätrəlstäischn]
Ich möchte ... Liter ...	... litres of ... ['lihtəs əw]
... Normalbenzin.	... three-star, ['θrihstah]
... Super.	... four-star, ['fohstah]
... Diesel.	... diesel, ['dihsl]
... bleifrei/verbleit.	... unleaded/leaded, please.
	[an'lädid/'lädid plihs]
Voll tanken, bitte.	Full, please. ['ful plihs]

Unfall

Hilfe!	Help! [hälp]
Achtung!	Attention! [ə'tänschn]
Vorsicht!	Look out! ['luk 'aut]

SPRACHFÜHRER ENGLISCH

Rufen Sie bitte ...
Please call ... ['plihs 'kohl]

... einen Krankenwagen.
... an ambulance. [ən 'ämbjuləns]

... die Polizei.
... the police. [θə pə'lihs]

Es war meine Schuld.
It was my fault. [it wəs 'mai 'fohlt]

Es war Ihre Schuld.
It was your fault. [it wəs 'joh 'fohlt]

Geben Sie mir bitte Ihren Namen und Ihre Anschrift.
Please give me your name and address! [plihs giw mi joh 'näim ənd ə'dräs]

ESSEN/UNTERHALTUNG

Wo gibt es hier ...
Is there ... here? ['is θeər ... 'hiə]

... ein gutes Restaurant?
... a good restaurant ...[ə 'gud 'rästərohng]

... ein typisches Restaurant?
... a restaurant with local specialities ... [ə 'rästərohng wiθ 'ləukl ,späschi'älitis]

Gibt es hier eine gemütliche Kneipe?
Is there a nice pub here? ['is θeər_ə nais 'pab hiə]

Reservieren Sie uns bitte für heute Abend einen Tisch für vier Personen.
Would you reserve us a table for four for this evening, please? ['wud ju ri'söhw əs ə 'täibl fə foh fə θis 'ihwning plihs]

Die Speisekarte, bitte.
Could I have the menu, please. ['kud ai häw θə 'mänjuh plihs]

Ich nehme ...
I'll have ... [ail häw]

Bitte ein Glas ...
A glass of ..., please [ə 'glahs_əw ... plihs]

Auf Ihr Wohl!
Cheers! [tschiəs]

Bezahlen, bitte.
Could I have the bill, please? ['kud ai häw θə 'bil plihs]

Wo sind bitte die Toiletten?
Where are the toilets, please? ['weərə θə 'toilits plihs]

EINKAUFEN

Wo finde ich ...?
Where can I find ...? ['weə 'kən_ai 'faind ...]

Apotheke
chemist's [kämists]

Bäckerei
baker's [bäikəs]

Kaufhaus
department store [di'pahtmənt stoh]

Lebensmittelgeschäft
food store ['fuhd stoh]

Markt
market ['mahkit]

ÜBERNACHTUNG

Können Sie mir bitte ... empfehlen?
Can you recommend ..., please? [kən ju ,räkə'mänd ... plihs]

... ein Hotel ...
... a hotel ... [ə həu'täl]

... eine Pension ...
... a guest-house ... [ə 'gästhaus]

Ich habe bei Ihnen ein Zimmer reserviert.
I've reserved a room. [aiw ri'söhwd_ə 'ruhm]

Haben Sie noch ...   Have you got ... [həw ju got]
... ein Einzelzimmer?   ... a single room? [ə 'singl ruhm]
... ein Doppelzimmer?   ... a double room? [ə 'dabl ruhm]
... mit Dusche/Bad?   ... with a shower/bath?
     [wiθ ə 'schauə/'bahθ]
... für eine Nacht?   ... for one night? [fə wan 'nait]
... für eine Woche?   ... for a week? [fə ə 'wihk]
Was kostet das Zimmer   How much is the room with ...
mit ...   ['hau 'matsch is θə ruhm wiθ]
... Frühstück?   ... breakfast? ['bräkfəst]
... Halbpension?   ... half board? ['hahf'bohd]
... Vollpension?   ... full board? ['ful'bohd]

PRAKTISCHE INFORMATIONEN

Arzt

Können Sie mir einen   Can you recommend a good doctor?
guten Arzt empfehlen?   [kən ju ‚räkə'mänd ə gud 'doktə]
Ich habe hier Schmerzen.   I've got pain here. [aiw got päin 'hiə]

Post

Was kostet ...   How much is ... ['hau 'matsch is]
... ein Brief ...   ... a letter ... [ə 'lätə]
... eine Postkarte ...   ... a postcard ... [ə pəustkahd]
... nach Deutschland?   ... to Germany? [tə 'dschöhməni]

ZAHLEN

0	zero, nought [siərəu, noht]		19	nineteen [‚nain'tihn]
1	one [wan]		20	twenty ['twänti]
2	two [tuh]		21	twenty-one [‚twänti'wan]
3	three [θrih]		30	thirty ['θöhti]
4	four [foh]		40	forty ['fohti]
5	five [faiw]		50	fifty ['fifti]
6	six [siks]		60	sixty ['siksti]
7	seven ['säwn]		70	seventy ['säwnti]
8	eight [äit]		80	eighty ['äiti]
9	nine [nain]		90	ninety ['nainti]
10	ten [tän]		100	a (one) hundred
11	eleven [i'läwn]			['ə (wan) 'handrəd]
12	twelve [twälw]		1000	a (one) thousand
13	thirteen [θöh'tihn]			['ə (wan) 'θausənd]
14	fourteen [‚foh'tihn]		10000	ten thousand
15	fifteen [‚fif'tihn]			['tän 'θausənd]
16	sixteen [‚siks'tihn]		1/2	a half [ə 'hahf]
17	seventeen [‚säwn'tihn]		1/4	a (one) quarter
18	eighteen [‚äi'tihn]			['ə (wan) 'kwohtə]

Reiseatlas Malta

Die Seiteneinteilung für den Reiseatlas finden Sie auf dem hinteren Umschlag dieses Reiseführers

Mit freundlicher Unterstützung von

kein urlaub ohne
holiday
autos

www.holidayautos.com

Verkehrswege

Zweibahnige Straße (vierspurig)	
Hauptstraße	
Nebenstraße · Sonstige Straße	
Straßen in Bau und in Planung	
Fahrweg · Fußweg	
Wanderweg (Auswahl)	
Straßentunnel · Straßenbrücke	
Autofähre	
Schifffahrtslinie	

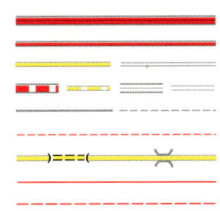

Touristische Hinweise

Nationalpark · Naturpark	
Naturschutzgebiet · Sperrgebiet	
Saisonal trockenes Gewässer	
Höhenlinie	50
Böschung, Steilküste	
Rundblick · Schöner Ausblick	

Kultur

Malerisches Ortsbild	**Marsaxlokk**
Eine Reise wert	★★ *Citadel*
Lohnt einen Umweg	★ **Mġarr**
Sehenswert	*Ta'Pinu Church*

Landschaft

Eine Reise wert	★★ Dingli Cliffs
Lohnt einen Umweg	★ **Marfa Ridge**
Sehenswert	Ras il-Qammieh

Badestrand, Schwimmbad · Denkmal	⌣	⚲
Golfplatz · Jachthafen	⛳	⚓
Kirche · Kapelle	⛪	✚
Schloss, Fort, Burg ·	♣	♠
Turm · Leuchtturm	▮	⍭
Windmühle · Höhle	☼	∩
Bedeutendes Bauwerk · Areal	▪	□
Festungswall		⌐_
Ausgrabungs- u. Ruinenstätte		∴
Sonstiges landschaftliches Objekt		★
Hotel, Gasthaus		⌂
Verkehrsflughafen · Flugplatz	✈	⊕
Geschäftsstelle des Automobilclubs	TCM	

Verwaltung

Staatsgrenze · Hauptstadt	<u>**VALLETTA**</u>

1 km

G o z o

salforn

Għajn Demma

④

★ Ramla Bay

Calypso's Cave

Il Pergla

Redoubt

San Blas Bay

Roman Remains

Mistra Rocks

ullara

Xagħra

Ramla Valley

116

Ninu's Cave

Bin Ġemma

Dalhlet Qorrot

Ta' l-Għajjun

Ġgantija Temples ★★

127

Ta' Hida

Ta' Cini

Nuffara

Windmill

Qala

Xewkija

Kenuna Tower

Nadur

Wardija

Xewkija Dome

Redoubt

gun

75

Santa Cija Tower

Out Lady of Lourdes

④

Ġebel tal-Ħalfa

Għajnsielem

Mġarr ★

Il-Ħneija

Mġarr Harbour

Tac Cawl Rocks

North Comino Channel

Fort Chambray

Hondoq Bay

(Il Fliegu ta' Ghawdex)

Ta' al Cliffs

Xatt l-Aħmar

Mellieħa Point

Floriana

Buġibba

Cirkewwa

Torri ta' Mġarr

San Niklaw Bay

Santa M. Bay

Mġarr ix-Xini

Ras il-Hobs

Blue Lagoon ★

Comino

Fessej Rock

Cominotto

Cominotto

⑤

Comino Tower

Ras-l-Irqieqa

North Comino Channel

Paroni

Comino

③

6

Marfa Point

Cirkewwa

Battery

MEDITERRANEAN SEA

1 km

D **E** **F**

1

2

3

4

5

6

Perline 1h

Flassa

Qawra Tower
Blata il-Bajda
Fort Campbell
Tal-Blata
Rdum il-Bies
Ras il-Miġnuna
Battery
Mistra Bay

St. Paul's Islands
St. Paul's Statue

St. Paul's Bay

Buġibba

Qawra Tower
Qawra Point
Qawra
Megalithic Temple
Għallis Point
Għallis Tower
Salina Bay
Għallis Rocks

San Pawl-il-Baħar

nxija

oeġ

Qawra Tower

Wignacourt Tower

Salt Pans

Il-Ħotba

Qalet Marku

Qrejten Point

Il-Maħruġ

Kennedy Memorial Grove

bar
Iċ-Ċag
Bay

Tal-Qadi Temple

St. Michaels Church

Baħar Iċ-Ċagħaq

St. Georges Church

Wardija

Wardija Church

Il-Għadira

Maghab

Martin

Burmarrad

Ġebel Għawżara

St. Pauls Church

118

Wied Qliegħa

Hal Dragu

Wied Ta'l-Arkata

Wied il-Għ...

Victoria Lines

Carr Ruts

Naxxar Gap

St. Catarine's
Church

Mosta Fort

Catacombs

Dolmen

Ghargh

**San Pawl
Tat-Tarġa**

obbieħ

Ghajn Tuffieha Valley

Targa Gap

117

St. Margaret's
Church

Tal-Wej

121

Malta International
Trade Fair Grounds

116

Il-Pellegrin
127

Għajna Valley

Ta' Ħagrat
Temples

Temples

L-Iskorvit

1

Wied il-Pwales

Binġer

Ta'l-Abatija

Fomm ir-Riħ
Bay

Ras ir-Raħeb

Tas-Santi

Temple

Victoria Lines

Binġemma Fort

Nadur Binġemma Gap

Tombs

Il-Qleigħa

St. Martin's
• 214

Bahrija

Ghemieri
Palace

2

Rdum tal-Vigaarju

Tal Merħla
212

Rdum Tas-Salġ

Tal Merħla
126

Ghemieri

L-Andrijet

Wied il-Busbies

Tomba

Migra l-Ferħa

Ta' Baldu
199

Wied ir-Rum

3

183

Ras id-Dawwara

Misraħ Suffa

Rdum Dispiro

Rdum Dun Nazg

4

★★

5

MEDITERRANEAN SEA

6

MARCO ⊕ POLO

Für Ihre nächste Reise gibt es folgende Titel:

In diesem Register finden Sie alle Orte und Sehenswürdigkeiten. Halbfette Ziffern verweisen auf Hauptnennungen, kursive Ziffern auf Abbildungen.

Schreiben Sie uns!

Liebe Leserin, lieber Leser,

wir setzen alles daran, Ihnen möglichst aktuelle Informationen mit auf die Reise zu geben. Dennoch schleichen sich manchmal Fehler ein – trotz gründlicher Recherche unserer Autoren/innen. Sie haben sicherlich Verständnis, dass der Verlag dafür keine Haftung übernehmen kann. Wir freuen uns aber, wenn Sie uns schreiben.

Senden Sie Ihre Post an die MARCO POLO Redaktion, Mairs Geographischer Verlag, Postfach 31 51, 73751 Ostfildern, marcopolo@mairs.de

Impressum

Titelbild: Hafen von Marsaxlokk (E. Wrba)
Fotos: HB-Verlag: Fabig (15, 64, 98); J. Holz (10, 12, 20, 21, 24, 25, 26, 27, 38, 45, 51, 55, 56, 58, 69, 70, 76, 83, 87, 88, 91, 97, 100); Mauritius: Mollenhauer (78); Transglobe: Mollenhauer (80), E. Wrba (Umschlag Mitte, 2 o., 5 u., 6, 7, 9, 13, 18, 22, 31, 32, 36, 37, 43, 50, 52, 63, 64, 68, 77, 79, 93, 94, 111)

10., aktualisierte Auflage 2002 © Mairs Geographischer Verlag, Ostfildern
Herausgeber: Ferdinand Ranft, Chefredakteurin: Marion Zorn
Lektor: Marlis v. Hessert-Fraatz, Bildredakteurin: Gabriele Forst
Kartografie Reiseatlas: © Mairs Geographischer Verlag/Falk Verlag, Ostfildern
Gestaltung: red.sign, Stuttgart
Sprachführer: in Zusammenarbeit mit dem Ernst Klett Verlag GmbH, Stuttgart, PONS Wörterbücher

Bloß nicht!

Auch in Malta gibt es – wie in allen Reiseländern – Touristenfallen und Dinge, die man besser meidet

... maltesische Folklore

Eine lebendige maltesische Folklore gibt es nicht. Weil Urlauber aber Folkloreabende aus anderen Mittelmeerländern gewohnt sind, werden sie auch auf Malta veranstaltet. Geboten wird dabei vor allem angelsächsische Tanzmusik, ergänzt durch eine maltesische Tanzgruppe in phantasievollen Kostümen, die eine Art frei erfundenes, volkstümelndes Ballett tanzt. Das kann zwar amüsant sein, ist jedoch nie authentisch.

... auf Drogen einlassen

Der Besitz von Drogen wird in Malta streng bestraft – und Haschisch gilt hier auch als Droge. Schon 3 g Cannabis reichen aus, um den Besitzer für 6 Monate hinter Gitter zu bringen; Gnade kennen maltesische Ritter auf diesem Gebiet nicht.

... Festi auf eigene Faust besuchen

Zu allen maltesischen Festi bieten Hotels und Reisebüros organisierte Busausflüge an. Die Teilnahme lohnt, da so die Rückfahrt am Abend gesichert ist. Wer eine Festa auf eigene Faust besucht, sollte bedenken, dass er nach 21 Uhr nur selten ein Taxi findet und auf keinen Fall einen Linienbus für den Heimweg.

... Autofahren bei Dunkelheit

Maltas Straßen sind schon bei Tage schlecht genug. Bei Dunkelheit sind sie katastrophal unsicher. Fast immer fehlen Fahrbahnmarkierungen und Begrenzungspfähle; entgegenkommende Autos blenden entweder nicht ab oder sind unbeleuchtet; Wegweiser sind nur schwer zu erkennen. Größte Vorsicht ist also angebracht!

... exotische Souvenirs kaufen

Maltesische Fischer sind nicht zimperlich, wenn ihnen die vom Aussterben bedrohten Meeresschildkröten ins Netz gehen. Sie lassen sie in der Sonne vertrocknen und verkaufen ihren Panzer auf dem Markt. Der Import von Schildkrötenpanzern in die deutschsprachigen Länder ist aber ebenso streng verboten wie auch die Einfuhr anderer vom Washingtoner Artenschutzabkommen geschützter Tiere. Also Hände weg auch von Elfenbein, ausgestopften Fischen und Vögeln!

... oben ohne baden

In weniger katholischen Ländern wären die vielen Felsvorsprünge und kleinen Buchen ideale Plätze für ein hüllenloses Bad, doch hier schwimmt man, wie es dem Papst gefällt.